철학에게
나를 묻다

철학에게 나를 묻다
ⓒ 희망철학연구소, 2018

초판 1쇄 펴낸날 2018년 3월 5일

지은이 희망철학연구소
펴낸이 이건복
펴낸곳 도서출판 동녘

등록 제311-1980-01호 1980년 3월 25일
주소 (10881) 경기도 파주시 회동길 77-26
전화 영업 031-955-3000 편집 031-955-3005 **전송** 031-955-3009
블로그 www.dongnyok.com **전자우편** editor@dongnyok.com

ISBN 978-89-7297-914-2 (03100)

• 잘못 만들어진 책은 바꿔 드립니다.
• 책값은 뒤표지에 쓰여 있습니다.
• 이 도서의 국립중앙도서관 출판예정도서목록(CIP)은 서지정보유통지원시스템 홈페이지
 (http://seoji.nl.go.kr)와 국가자료공동목록시스템(http://www.nl.go.kr/kolisnet)에서
 이용하실 수 있습니다.(CIP제어번호: CIP2018006226)

일상에 한 뼘 가깝게
다가가는 철학 여행

철학에게
나를 묻다

희망철학연구소 지음

동녘

들어가는 말

　우리는 상황이 갑자기 달라질 때, 아무런 생각 없이 그저 살아오던 삶에서 잠시 벗어나 "……란 무엇인가?" 하고 묻게 된다. 건강에 이상이 생기거나 어려움이 닥쳤을 때 특히 우리는 주어진 세계에 의문을 품는다. 탈레스를 비롯한 고대 그리스 철학자들은 오래전부터 "……란 무엇인가?" 하고 질문했다. 현상을 넘어선 본질이 무엇인지 찾고자 함이었다. 그들은 세상을 경탄(taumazein)의 시선으로 바라보며 세상 가운데 있는 자신을 새롭게 발견했다. 서양에서 새로운 시대를 연 데카르트 또한 서양 고대의 이러한 전통을 계승해 새로운 물음을 제기한다. 그는 지금까지와는 다른 방법으로 묻기 시작했다.

　데카르트는 '어떻게 확실한 지식에 이를 수 있을까'라는 의문을 품었다. 이 물음에 대한 해답을 찾는 과정에서 데카르트가 도달한 결론은 내가 '생각하는 주체(res cogitans)'라는 사실이다. 그의 이러한 물음과 대답은 중세적 세계관을 해체했다. 중세시대에 절대적인 것은 신뿐이었으며, 그 외의 것은 신에게 종속된 피조물에 불과했다. 그런 시대에서 데카르트는

'생각하는 나'만큼 확실한 것은 없음을 발견한 것이다. 물론 그는 생각하는 주체를 만드는 것은 신이라고 말하며 신의 존재를 인정했다. 하지만 확실성을 향한 그의 탐구와, 그 과정에서 내린 결론인 "나는 생각한다. 고로 존재한다(Cogito ergo sum)"라는 말은 새로운 시대를 열었다.

데카르트의 새로운 물음과 방향은 놀람과 경탄에서 나온 것이 아니었다. 데카르트는 이 세상에 확실한 것은 거의 없다고 생각했으며, 주어진 것들을 그냥 받아들이지 않았다. 모든 것을 의심과 회의의 시선으로 바라봄으로써 새로운 시각을 가질 수 있었던 것이다. 그는 모든 것에 회의적이었기 때문에 모든 것을 의심한 것은 아니었다. 단지 확실한 것을 알기 위해 '방법적으로' 회의하고 의심한 것이었다. 그의 이러한 의심은 서양 중세를 흔들고 새로운 시대를 열었다. 인간이 더 이상 누군가에게 종속된 대상, 곧 신민(sub-ject)이 아니라, 스스로 생각하며 존재하는 당당한 주체(Subject)라는 사실을 일깨웠다.

오늘날에도 데카르트처럼 이성적으로 생각하는 주체로서 사는 것은 여전히 힘겨운 일이다. 하지만 우리는 데카르트와 다른 시대에 살고 있다. 따라서 그의 물음은 오늘날 다른 의미를 지니고, 다른 의미로 다가온다. 우리는 데카르트의 물음 방식을 따르면서도 더 많은 주제와 연관시키고 확장할 필요가 있다. 데카르트는 새로운 물음으로 새로운 시대를 열었지만, 그의 결론과 이해 방식은 이성적이지 않은 다른 인간과 생명체를 타자화하고 경시하도록 하는 토대로 기능하기도 했다.

인간은 이성적인 속성만 가지고 있는 것이 아니다. 우리는 매일 클릭하고 터치하며 인터넷을 보기도 하고, 때로는 질투하기도 하고, 욕망을 가지고, 사랑하기도 하며, 매 순간 선택하며 살아간다. 인간은 방황하며 놀기도 하고, 때로는 위기에 직면해 문제를 해결하며 극복해가기도 한다. 때로는 텍스트를 해석하며 친구들과 함께 생각하고 밤새워 이야기하곤 한다. 때로는 아픈 이들의 고통에 공감하기도 하고, 때로는 열심히 일하고 또 소비하고, 여행을 떠난다. 기억하면서 동시에 잊기도 한다. 이렇게 인간이 다양한 측면을 가졌다는 점을 생각하면, 데카르트의 인간 이해 및 존재 이해 방식은 수학적 이성을 기초로 한 일면적인 이해임을 알 수 있다.

나를 발견하는 방법은 여러 가지가 있다. 타인의 긍정적인 측면과 부정적인 측면을 보면서 나를 발견할 수도 있다. 서양 전통에서는 경탄과 회의가 나와 세계를 이해하는 방법이었다. 하지만 우리의 여러 행동과 감정을 탐구하는 것 또한 우리 자신을 새롭게 발견할 기회를 줄 것이다. 즉, 철학적 근본 개념에 나를 던지고 여러 관점에서 나를 성찰함으로써 새롭게 나를 찾는 기회를 가져보는 것이다. 이 책이 우리를 탐구할 하나의 방법(method)이 되기보다는, 다양한 관점에서 함께 생각하며 내 삶의 여러 가지 길들을 발견하도록 돕는 길잡이(met-hodos)가 되기를 바란다.

희망철학연구소 집필진 일동

일러두기

1. 맞춤법과 띄어쓰기는 '한글 맞춤법'에 따랐다.
2. 단행본은 《 》로, 논문, 영화, 그림, 시 등은 〈 〉로 표기했다.
3. 본문에 등장하는 단행본이 국내에서 번역 출간된 경우 번역서의 제목을 따랐으며, 원서명의 병기
   를 생략했다.

차례

클릭

하루 종일 클릭하는 나, 괜찮은 걸까?

클릭하는 나, 누구인가

아침에 눈을 뜨기도 전에 제일 먼저 하는 일이 무엇인가. 침대에서 일어나기도 전에, 옷을 입기도 전에, 샤워도 하기 전에, 불을 켜기도 전에, 나도 모르게 손이 텔레비전 리모콘으로, 컴퓨터 스위치로, 핸드폰으로 간다. 잠자는 사이 혹시 누구에게 문자라도 왔나 싶어 이불 속에서 살짝 실눈 뜨고 클릭하고 있지는 않나? 문자만 보려 했는데 카카오톡, 카카오스토리, 메일도 확인하고야 마는 나.

잠시인 것 같은데 벌써 30분이 지났나 보다. 엄마의 재촉이 시작된 것을 보면 말이다. 어젯밤에도 잠들기 전 여기저기 클릭하다 잠든 탓에 전원이 거의 다 됐는지 화면이 흐리다. 얼른 충전기를 찾는다. 샤워하는 시간 외에는 식탁에서도 차 안에서도 길을 걸어가면서도 교실에서도 자꾸 눈이 가고, 손이 간다. 아니, 마음이 간다.

언제부터인가 그러지 않으면 허전하고 이상하다. 수업시간에도 무서운 선생님의 호통을 피해 우리는 오른쪽에서 왼쪽으로, 위에서 아래로, 마치 이 지구상에 무슨 일이 생긴 것처럼 보고, 찾고 누르고 클릭한다. 나만 그런 것은 아니다. 친구들도 나와 별반 다르지 않다. 그러고 보면 엄마가 이야기했듯이 우리는 '클릭족'인가. 클릭하며 살아가는, 아니 클릭해야만 살아있음을 느끼는? '나는 생각한다. 고로 존재한다'가 아니라 '나는 클릭한다. 고로 존재한다'처럼 말이다.

클릭해야만 살아있음을 느끼게 된 게 언제부터였더라. 엄마를 졸라 어렵게 핸드폰을 갖게 된 이후인가. 아니면 게임기를 선물 받고부터일까. 아니면 학교 숙제를 빌미로 컴퓨터를 사용하면서부터일까. 정확히는 모르겠지만, 생활 속에서 클릭하는 일이 점점 많아진 것은 사실이다. 이제는 책도 전자책으로 읽고 쓰고 공부도 하니 더 클릭을 자주 하게 된다. 우리는 모든 것을 클릭하며 산다. 클릭하며 세상을 열기도 하고 닫기도 하면서.

하나님이 말씀으로 세상을 창조했다면 우리는 손가락으로 세상을 열었다 닫는다. 지금은 손가락으로 하지만 곧 우리도 신처럼 말로 할지 모른다. 언젠가는 눈으로, 마음으로 세상을 조종할지도 모른다. 아주 오래 전에도 이런 일들이 있지 않았나. '열려라 참깨' 하고 동굴을 연 도적들의 주문도 새로운 세상을 열고자 하는 일종의 클릭이 아니었을까.

문을 열기 위해 열쇠를 사용하다가 이제는 번호를 터치하고, 카드를 대고, 지문을 직접 스캔한다. 이 또한 시대에 따라 변하는 것일 뿐일까. 분명한 것은 모든 것이 점점 수월하고 쉬운 방향으로 바뀌어왔다는 것이다. 이렇게 물리적인 노력 없이도 손만 대면 이루어지는 편리함이 우리 삶의 모든 것에 배어들어 습관화된다면 어떻게 될까. 사랑도, 꿈도 노력 없이, 그리고 기다림 없이 손 하나 쓱 해서 바뀐다면 말이다. 편리함이 오히려 모든 것을 소모품으로 만들어버리는지도 모른다. 그래서 우리에게 진지함은 사라지고 모든 것이 장난으로 바뀌어버리는 것은 아닐까.

수백만의 사람을 아무렇지도 않게 가스실로 보낼 수 있었던 이유는 뭘까. 그들은 어떻게 그토록 많은 사람을 가스실로 보낼 수 있었을까. 그것은 이런 일들과 관계가 없을까. 마치 화면을 바꾸듯, 아무런 번민 없이, 감정 없이, 느낌 없이 사람의 목숨을 쉽게 다루게 된 원인은 어디에 있는 것인가.

동물 vs 사람 vs 기계

우리는 원하든 원하지 않든 점점 더 클릭을 많이 하며 살아간다. 생각하기에 존재하는 것이 아니라 클릭하기에 존재할 수 있는 이 세계에서 우리는 클릭을 통해 물질을 얻고, 지식과 정보를 습득하고 활용하며, 능력을 드러내 보이기도 한다. 클릭의 횟수는 곧 관심의 정도이며, 곧 능력과 비교된다. 그렇다면 우리는 정말 클릭함으로써 살아가는 존재인가. 클릭을 통해 기쁨과 행복, 사람다움을 이루어가는 것은 아닌지 생각해봐야 한다. 한데 왜 그 많은 사람들이 저마다 사람에 관해 이야기하면서도 클릭하는 일로 사람의 정체성을 논하지는 않을까.

프랑스의 철학자 르네 데카르트Rene Descartes(1596~1650)는 사람은 생각하기에 사람이라 했다. 그의 유명한 명제, 코기토 에르고 숨Cogito ergo sum, '나는 생각한다, 고로 존재한다'는 사유하는 주체인 나, 즉 사람에 관해 이야기한다. 데카르트의 이 말이 사람에 대해 가장 잘 이야기한 것일까. 그보다 앞서 살았던 철학자들과 이후의 현대 철학자에 이르기까지 수많은 사람들이 사람의 정체성을 나름 달리 해명했다. 하지만 그들의 말은 사유한다는 다른 표현일 뿐, 데카르트의 말과 크게 다르지 않았다. 즉, 많은 철학자들이 사람을 영혼, 정신, 이성, 이해 등으로 달리 표현했지만 결국 모두 사람이 사유하는 존재임을 이야기하고 있을 뿐이다. 왜일까? 왜 시간과 공간이 다르고 사람이 달라도 사람에 대한 언사는 크게 다르지 않을까? 사유야말로 동물과 기계와 달리 사람만 가지고 있는 고유한 정체성이기에 그런 것이 아닐까.

그렇다면 사유한다는 것은 뭘까. 사유한다는 것은 지각이나 반응하는 것과는 다르다. 사유는 마주하는 모든 것들과 처한 상황에서 최선이 무엇인가를 묻는 일이다. 그렇기에 사유하는 일에는 늘 선택과 결단, 그리고 이에 따른 책임이 주어진다. 사유한다는 것은 우리가 자유롭게 생각하고 판단하고 결단하는 가운데 스스로를 만들어가는 일과 관계가 있다. 여기에서 인간의 자율성과 자립심, 자긍심, 그리고 존엄성이 이야기 된다. 그러나 동물이나 기계는 그렇지 않다. 이들 모두 사유하지 않는다. 동물이 본능에 의해 움직인다면, 기계는 단순 법칙에 의해 반응한다. 동물은 단순하고 반복적인 삶을 살기는 해도 어느 정도 인간과 정감을 나누지만, 기계와 그러기는 어렵다. 혹자는 고성능 로봇를 예로 들면서 기계에도 감정이 있을 수 있다고 주장하지만, 그것은 우리가 기계에 감정을 부여하는 것이지 기계 자체가 그런 감정을 갖는 것은 아니다. 기계는 사람처럼 흉내 낼 수 있어도 사람이 될 수 없다. 사람은 이런저런 생각 속에서 저마다 달리 자신을 만들어가기 때문이다.

알파고는 사람이 하는 일을 할 수 있다. 오히려 알파고가 더 잘할 수도 있다. 하지만 그렇다고 해서 알파고가 사람이 되는 것은 아니다. 사람은 사람만이 가지는 특성, 즉 사유를 한다. 사유는 잘하고 못하고의 문제가 아니며, 정확과 부정확의 문제를 판단하는 기술도 아니다. 사유는 때로 어리석은 것 같아 보여도 그만의 가치와 의미를 나름대로 찾아가는 자기 긍정과 생성의 운동이다. 그럼에도 불구하고 우리는 사유가 아닌 기술에 근거해 교육, 생활, 관계, 의미를 만들어가려 한다. 이는 사람이 고자 하는 일이 아니라 기계가 되고자 하는 일이 되기 쉽다. 기계는 자꾸 사람을 흉내 내며 사람이 되려 하고, 사람은 자꾸 기계가 되려 한다.

사람으로 산다는 것은

나는 어떤가. 나는 사람이 되고자 하는가, 아니면 기계가 되고자 애쓰고 있는가. 사람이란 정말 뭘까. 어떻게 해야 우리는 사람답게 살아갈 수 있는가. 이에 관해 독일의 현대 철학자 한스 게오르그 가다머Hans-Georg Gadamer(1900~2002)는 《과학 시대의 이성》에서 아주 의미 있는 이야기를 한다.

과학 기술이 급격하게 발달하던 20세기 독일에서 화학교수 아들로 태어난 가다머가 직시한 문제도 지금 우리가 당면한 문제와 다르지 않았다. 한창 전쟁이 발발하고 있던 전쟁터 한가운데에서 그는 과학의 발전이 우리에게 어떤 의미가 있는지를 묻고 면밀히 고찰한다. 그리고 기술 과학의 발전은 보다 편리하고 풍요로운 삶을 제공하지만, 이러한 편리함과 용이함, 간편함은 인간이 인간을 살상하고, 자연을 파괴하고, 다른 생각·문화·전통을 제거하는 데 있어서도 같은 역할을 한다는 사실을 망각해서는 안 된다고 한다.

과학기술이 발전하기 전에는 어떤 일을 할 때 시간이 오래 걸리고 생각과 염려 때문에 불편하기도 했다. 하지만 적어도 삶이 황폐화되지는 않았다. 발달된 과학은 이제 주저 없이 많은 이들을 살상하게 하는 편리함으로 작용하기도 한다. 단추 하나로, 클릭 한 번으로 말이다.

이에 대해 가다머는 우리가 도대체 어디로, 무엇을 하며 살아가야 하는지 생각해야 한다고 했다. 앞으로 빨리 달려가는 것만이 능사가 아니다. 그동안 우리가 심사숙고하며 이룬 문화와 지혜를 되돌아보고, 지금 우리가 무엇을 어떻게 해야 하는지를 성찰하고 논의할 수 있어야 하는 것이다. 우리보다 앞서 산 사람들이 일군 전통과 지금 우리가 마주한 현실을 함께 생각하면서 어려움을 극복할 지혜를 구하는 것이 어느 때보다 필요하고 중요하다는 것이다.

가다머는 바로 이것이 사유하고 이해하며, 해석하고 철학하는 것이라 했다. 사람은 본디 철학하는 인간이다. 자신이 마주하는 현실의 문제와 더불어 과거의 문제들을 융합하면서 늘 새롭게 자신을 만들어가고 있다. 가다머는 이를 가리켜 지평융합Horizontverschmelzung이라 했다. 지평이란 나의 시선이 미칠 수 있는 범위와 한계를 의미하는 말로, 사람은 저마다 서로 다른 지평을 확장하면서 달리 살아간다. 그렇기에 사람은 누구나 주어진 상황에서 할 수 있는 바가 무엇인지 묻고 나름대로 최선을 다한다. 사람은 서로 다른 생각, 이해, 판단, 삶을 살아가기 마련이다. 그렇기에 우리는 결코 같을 수 없다. 그러므로 남과 비교하거나 우월을 논하는 것은 옳지 않다. 사람은 누구나 저마다의 생각과 판단을 가지고 살아가는 존귀한 존재다. 그 누구도 다른 무엇을 위한 수단이나 방법이 될 수 없으며, 되어서도 안 된다. 누구나 그 자체로 존중받아야 하는 존재다. 우리는 동물도 기계도 아닌 사람이기 때문이다.

기계적 삶이 아닌 예술적 삶

가다머는 우리의 삶을 예술로 이야기한다. 예술은 과학기술이 아니다. 과학기술이 동일한 법칙을 토대로 확장하는 것이라면, 예술은 전혀 다른 이질적인 것, 낯선 사람들과 같이 어울리는 일종의 놀이(Spiel)이자 만듦이다. 가보지 않은 길, 해보지 않은 일을 찾아 나서는, 그래서 두려움도 느끼고 환희도 느끼면서 늘 달리 새로움을 만들며 나아가는 것, 그것이 예술적인 삶이다. 남이 간 길을 따라가거나 남이 해놓은 것을 누리는 것이 아니라 내가 판단하여 책임지는 일 자체를 기뻐하는 자가 예술적으로 사는 것이다. 습관적으로 사는 기계적인 삶이 아니라, 온몸으로 느끼고 행하며 실현하는 예술적 삶을 사는 사람은 자기가 누구인지, 무엇을 어떻게 해야 하는지를 알고 있다. 예술적 삶을 사는 사람은 남들과 다른, 나로 살기 원한다. 우리는 생각해야 한다. 누구로 살 것인지, 내가 사람인지 기계인지, 예술가인지, 기술자인지.

사람은 모든 것을 다 알 수 없음에도 불구하고 모든 것을 다 아는 것처럼 세계를 재단한다. 그리고 수치화하고, 평균화하고, 물량화하고, 법칙화해 만든 이론을 '진리'라 부른다. 이에 따라 모든 것들을 고착화, 정형화하는 오만이 결국 자연과 다른 사람뿐만 아니라 자신마저도 위험에 처하게 한다. 우리는 편리함의 이면에 드러나지 않은 위험이 있음을 통찰하지 못한다. 이것을 얻으면 저것을 잃을 수밖에 없다는 사실을 우리는 외면한다. 지금 제대로 살지 못하면 미래가 없다는 것을 우리는 믿으려 하지 않는다. 인류의 미래는 지금 우리가 어떻게 사유하는가에 달려 있음에도 왜 우리는 사유하지 않을까. 분명 자신의 잘못임에도 서둘러 회피하고 잊어버리는 무책임한 사람들은 왜 점점 더 많아질까. 사유하기

보다는 클릭하고, 기다리기보다는 빨리를 외치는 성급함은 도대체 어디에서 오는 것일까. 우리는 이미 나의 일부가 되어버린 클릭하는 습관과 거리를 둘 수 있을까.

가다머는 이런 우리들에게 달리 사유하고 달리 살 것을 이야기한다. 가다머는 자신이 생각하는 대로 살다 간 진정한 삶의 예술가다. 그는 아는 만큼 이해하고 이해한 만큼 살다 간 철학자로, 그가 그렇게 살 수 있었던 것은 바로 그가 그렇게 생각했기 때문이다. 생각 따로, 사는 것 따로가 아니라 생각과 삶이 하나였던 사람이다. 그가 다른 사람보다 뛰어난 능력을 가져서 일찍이 터득한 것이 아니다. 그는 자기 삶의 주인으로서 온전히 살기를 원했기에 다른 것과 비교하거나 불필요한 일에 길들여지거나 부림당하거나 살아짐을 당하지 않았다. 자기가 마주하는 모든 일들을 스스로 생각하는 데 주저하지 않았다. 비록 소아마비에 걸리고 전쟁통에 살아가고 남들보다 늦게 철학에 입문했어도 의사, 국가, 시대, 현실 등 어느 한 쪽에 원인을 구하거나 책임을 전가하지 않았다. 자기가 무엇을 어떻게 해야 하는지를 늘 묻고 행했다.

그는 모두가 환호하는 과학기술의 발전에 전적으로 의존하지도 않았다. 그렇다고 무조건 배척하지도 않으면서 이것이 가져올 상황과 그 이면까지 생각하면서 살았다. 그는 말한다. 과학기술을 활용하되 부림당하지는 말 것을. 아마도 이는 지금 우리에게도 여전히 유효한 이야기가 아닐까. 클릭하되 그 클릭이 무엇을 동반하는지. 아무 생각 없이 클릭하는 나의 손끝이 어떤 일을 드러내고 어떤 일로 연결되는지 생각해야 한다. 왜 벌들이 사라지고, 면역 결핍이 문제이고, 세계는 자국의 이익을 위해 그동안 오랜 시간 지켜온 가치들을 하루아침에 포기하는지, 아프리카 내전과 시리아 내전이 왜 일어났는지, 이러한 일들과 클릭하는 일이 어떤 관련이 있는지 생각해보아야 하는 것이다.

우리는 IT 강국인 한국에서 살아간다. 제4차 산업혁명이라 불릴만큼 IT의 속도와 범위, 시스템에 끼치는 영향(system impact)은 가히 혁명적이다. 제4차 산업혁명은 처음에 독일 정부 정책인 인더스트리 4.0(Industry 4.0)에서 제조업과 정보통신이 융합되는 단계를 의미했지만, 2016년 세계경제포럼(Davos Forum)에서 본격적으로 언급되며 정보통신기술(ICT)을 기반으로 하는 새로운 산업 시대를 대표하는 용어가 됐다. 사물 인터넷(IoT), 클라우드 컴퓨팅, 인공지능(AI), 빅데이터, 3D 프린팅, 생명공학 등 첨단 정보통신기술을 활용하여 모든 사물들이 지능화와 초연결을 이루고 있다.

앞으로 지금과는 비교할 수 없을 만큼 점점 더 클릭의 횟수가 늘어나고 방법도 다양해질 것이 분명하다. 이런 시대에서 과연 나는 무엇을 해야 할까? 자연스러운 일이라고 여기며 그저 따라가야 할까, 아니면 지금부터 경계하고 부림이 아닌 활용이 되도록 사유해야 할까. 새로운 시대의 선두 주자가 되기 위해 지금부터 더 열심히 해야 할까, 아니면 내가 사람이게 하는 그 무엇을 찾아보아야 할까. 그때도 우리는 여전히 사람일 수 있을까. 우리는 무엇으로 사람이라 해야 할 것인가.

함께 읽으면 좋을 책들 ●────────────────

《과학시대의 이성》, 한스 게오르그 가다머 지음, 박남희 옮김, 책세상, 2009.

저자는 과학이 발달한 시대에서 우리의 이성이 어떤 역할을 하는지, 짧지만 울림 있는 이야기를 들려준다. 그에게 철학함이란 무엇을 아는 이론의 학문이 아니라 이해하고 해석하며 자기를 실현하는 구체적인 실천이다. 삶의 전 지평에서 현실과 함께하는 실천 학문으로서의 철학을 제시하는 가다머의 사유는 과학 기술 시대 철학의 존재 이유와 진정한 삶의 철학의 방향을 제시한다.

《인간의 조건》, 한나 아렌트 지음, 이진우 옮김, 한길사, 2017.

이 책은 우리가 무엇이 인간을 인간이게 하는지 성찰하게 한다. '어떻게 근본악이 이 세상에 있을 수 있는가' 하는 문제는 저자에게 중요한 철학적 화두였다. 이 책은 근본악이 무엇인지 파헤치면서 인간답게 살아갈 수 있는 실천적 방향을 제시한다는 점에서 큰 의의가 있다.

소비

소비도 아름다워야 한다

소비가 미덕?

나는 어떤 때 기분이 좋을까. 보고픈 친구를 만났을 때, 아니면 돈이 생겼을 때, 아니면 원하는 물건을 살 때, 먹고픈 음식을 먹을 때? 나는 언제 신이 날까. 성적이 생각보다 잘 나왔을 때인가, 아니면 생각지 않은 돈이 많이 생겼을 때인가. 나는 어떤 선물을 받고 싶지? 책? 아님 돈? 아님 게임기? 나는 무엇이 되고 싶은가? 아름다운 사람, 아님 돈이 많은 사람? 아님 돈을 잘 쓸 수 있는 사람? 나는 어떤 직업을 원할까? 멋진 일을 할 수 있는 직장? 아님 돈 많이 버는 직업? 나는 어떤 공부를 하고 싶지? 재미있는 공부, 아님 돈을 많이 벌 수 있는 일을 위한 공부?

이렇게 저렇게 물어보아도, 아무리 많은 질문을 던져도 대답은 한결같이 돈과 관계되어 있음을 부인할 수 없다. 돈이 있으면 모든 것을 다 할 수 있다는 생각 때문일까. 언제부터인가 우리는 돈이면 물건은 물론이거니와 그 외의 다른 모든 것들도 살 수 있다고 생각한다. 그렇기에 남녀노소를 불문하고 사람들은 모두 돈을 좋아하고, 돈을 벌기 위해 공부하며, 돈을 벌기 위해 일한다. 세상의 중심에는 사람이 아닌 돈이 있다.

돈이 중심이 되어 돌아가는 사회를 가리켜 우리는 자본주의 사회라 부른다. 자본주의사회는 모든 것이 돈에 의해서 매개되고, 거래되고, 이야기된다. 모든 것이 돈의 유무와 크기에 비례한다. 돈이 많아야 잘 사는 것이고, 훌륭한 것이고 성공한 것이라 여긴다. 우는 아기도 돈을 주어야 그치고, 세배 돈을 많이 주는 할머니가 좋은 할머니이고, 재력이 있는 부모가 훌륭한 부모이며, 용돈을 많이 주는 자식이 착한 자식이라 한다. 왜 우리는 모든 것을 돈으로 이야기하는 걸까. 아마도 돈의 양이 곧 능력이라고 생각하기 때문일 것이다.

우리는 절약이 아닌 소비를 이야기한다. 우리가 소비를 이야기하기 시작한 것은 과학기술과 자본이 결합하여 대량생산체제를 구축하면서부터다. 공장에서 대량생산된 상품이 소비되어야 다시 재생산할 자원을 확보할 수 있기 때문에 자본주의는 사람들에게 소비를 독려하고 시장을 확대한다. 절약이나 저축이 아닌 소비를 미덕으로 이야기하면서 자본주의 사회에서는 소비가 중요한 가치로 부상한다. 이름 하여 '소비의 사회'가 되는 것이다. 소비사회에서는 '소비를 할 수 있는 사람 = 돈이 있는 사람', '돈의 양 = 능력'이라는 등식이 암묵 간에 사회 전반에 퍼져 있다.

소비에 의해서 사회가 유지, 발전되는 자본주의사회에서는 무엇을 소비하든 소비할 수 있는 돈에 비례하여 가치가 평가되기 마련이다. 그리고 모든 것들을 소비를 잘할 수 있도록 정비한다. 가치, 도덕, 제도, 법 모든 것을 소비에 의한, 소비를 위한 것으로 바꿔가는 것이다. 국가도 경제적인 문제에 따라 선진국과 후진국으로 나뉘며, 대통령도 얼마나 경제 성장을 이끌어내느냐에 따라 훌륭한 대통령인가 아닌가가 평가된다. 교육 역시 인성을 가르치기보다는 연봉을 보장할 수 있는 교육이 선호된다. 병원도 수가를 맞추는 의사가 대우받는다. 소비가 곧 진리요, 선이요, 미다.

소비하는 주체

우리의 모든 삶은 이제 소비에 의해서 평가된다. 그래서 나는 소비한다, 고로 존재한다. 나는 소비하기에 존재할 수 있고 이야기될 수 있다. 그런 의미에서 우리는 모두 소비하는 주체다. 소비하는 주체인 우리는 소비할 때 살아 있음을 느끼고, 소비를 통해 관계하며, 소비에 따라 인정하고 과시하고 무시도 한다. 소비만이 나의 권리이자 의무다. 내가 소비하는 상품은 나의 인격이자 언어다. 나는 물건을 소비하는 것이 아니라 물건에 써 있는 브랜드를 소비한다. 우리는 더 이상 데카르트가 말하는 사유의 주체도, 마르크스가 이야기하는 모순을 극복하기 위한 행위의 주체도 아니다. 카뮈가 이야기하는 부조리에 저항하는 주체는 더더욱 아니다. 나는 오로지 상품을 소비하며 존재하는, 소비하는 주체일 뿐이다.

중세시대에 신 앞에서 순종할 자유만 있었듯, 지금 우리에게는 오직 소비할 수 있는 자유만이 있다. 우리는 자연이 아니라 상품에 둘러싸여 살며, 그 안에서 더 많은 상품을 소비할 것을 권유받는다. 상품이 곧 우리의 자연이고 대지이며 환경이다. 우리의 시간과 공간은 온통 상품으로 채워져 있다. 그리고 상품은 내게 선택되기 위해 단장하고 나열되어 나를 기다린다. 소비자가 왕이라 외치면서 자기를 소비할 것을 명령하는 것이다.

길에 죽 늘어서 있는 가게들은 마치 배고픈 사자처럼 입을 벌리고 내게 소리친다. "이거 소비하면 안 잡아먹지" 하고. 이내 그들은 다른 것을 또 사도록 독려한다. 이것에 어울리는 저것도 사라며 세트 소비를 하도록 강권한다. "적어도 당신은 이것을 소비해야 한다. 능력 있는 당신은 이것이 어울린다. 그것은 이것을 같이해야 빛난다"라고 말하며 아직 내게 필요하지 않은 것까지도 선-소비先-消費하도록 우리를 유혹한다. 소비하는 동안 우리는 TV에 나오는 주인공도 되고 내가 원하는 어른이 된다. 그래서 나는 또 카드를 꺼낸다.

자본주의는 소비하는 한 자유로우며, 소비하는 한 능력자라고 말하면서 우리에게 소비의 주체가 될 것을 강요한다. 우리는 휴식도 소비하면서 취한다. 우리에게는 소비할 수 있는 시간과 능력만이 요구된다. 자연도 소비할 수 있는 자연이고, 사람도 소비를 통해서 만난다. 따라서 우린 평생 지불하기 위해 일에 저당 잡혀 살아야 한다. 학자금도, 집도 대출이다. 결혼도 부조금으로 해결한다. 세상은 더 예쁘고 보기 좋은 디자인을 끊임없이 제시하며 우리에게 더 능력 있는 소비자가 되어야 한다고 압박한다. 때로는 다른 소비의 주체를 부러워하면서, 때로는 다른 주체를 무시하면서 우리는 더 많이 소비하기 위해 모든 노력을 경주한다. 그래서 우리는 소비하기에 기쁘고 소비하기에 산다. 이런 나는 과연 누구인가?

이미지를 소비하는 나

프랑스 철학자 장 보드리야르Jean Baudrillard(1929~2007)는 자본주의가 어떻게 사람들을 소비의 주체로 만드는지 《소비의 사회》라는 책에서 아주 잘 보여준다. 그에 따르면 물질이 풍요로운 현대사회에서는 필요소비나 교환소비를 하던 이전 사회와 달리 '기호소비'를 한다. 기호소비란 내가 필요에 의해 물건을 스스로 생산하여 소비하거나 다른 물건과 교환하기 위한 목적으로 소비하는 것이 아니라, 오로지 자신의 취미나 취향과 같은 기호에 따라 소비하는 것을 말한다. 물건의 필요에 의한 필요소비나 교환소비와 달리 기호소비는 필요와는 관계없이 이루어지는 소비 형태, 이름 하여 '잉여소비'를 말한다. 다시 말해 기호소비는 단지 기분이나 연출을 위해 하는 소비 형태다. 옷이 있어도 더 예쁜 옷을 소비하고자 한다든지, 졸려서가 아니라 단지 좋은 분위기에서 나름 의미를 찾기 위해 특정 커피를 소비하는 태도 등을 말한다.

장 보드리야르는 현대의 소비는 거의 모두 이러한 기호소비라고 한다. 물질이 부족하던 시절과 달리 물질이 풍요로운 현대에서 사람들은 소비를 통해 자기만의 개성, 특징을 드러내 보이고자 기호소비를 하는 것이다. 기호소비에서 상품은 단순한 물건이 아니라 자기를 드러내는 이미지가 되고, 표현하는 수단이며, 다른 사람과 차이를 만들어내는 언어이자 기호다. 이런 의미에서 현대인들은 상품을 소비하는 것이 아니라 브랜드를 소비하고 이미지를 소비한다고 할 수 있다. 특정 상품이 가지는 이미지와 자기를 동일시하면서 사람들은 자기만의 이미지를 만들기 위해 상품을 소비하며 남들과 차이를 만들어간다.

현대 자본주의는 사람들이 이러한 기호를 소비하도록 여러 가지 전략을 도모한다. 즉 대량생산이 아닌 소규모 생산을 통한 특성화, 차별화 전략을 갖기도 하고, 또 스타를 이용하여 상품에 이미지를 입히고 대중매체를 통해 마케팅을 연출하기도 한다. '그것을 소비하는 당신이 바로 스타다'라고 속삭이며 스타같이 될 수 있다는 이미지를 반복 재생해 상품소비로 연결하는 것이다.

장 보드리야르는 이러한 이미지를 입히는 일들을 시뮬라시옹Simulation이라 하고, 그것에 의해서 만들어진 것을 시뮬라크르Simulacra라 했다. 이에 대한 자세한 언급은 그의 책《시뮬라시옹》에 나와 있다. 그는 이 책에서 현대사회는 바로 이 이미지에 의해 지배되는 사회라 한다. 이미지가 실재보다 더 실재 같아서 무엇이 실재이고 이미지인지 구별하기가 어렵다. 재독 한인 철학자 한병철도 이와 같이 구별도, 분리도 하기 어려운 현대 자본주의사회를 가리켜 바이러스 시대라 부르면서 사람들이 실재가 아닌 이미지를 소비하며 존재한다 했다.

이들의 말처럼 현대 자본주의를 살아가는 우리 모두는 이미지를 실재로 여기며 이미지를 소비하기 위해 모든 힘을 쏟아 붓고 있다. 필요하지도 않은 것을 꼭 필요한 것으로 여기며 이를 소비하기 위해 애쓰고 있는 것이다. 그러나 이미지는 실재가 아니기에 소비를 하면 할수록 더 갈급함을 느낄 뿐, 채워지지 않는다. 따라서 이미지가 사라지기 전에 자꾸 다른 것으로 채우고 계속해서 다른 이미지로 대체해간다. 이미지는 우리가 더 많이, 더 빨리 소비하도록 점점 더 자극적인 것으로 우리를 유혹한다. 결국 우리는 상품을 소비하는 것이 아니라 자기 자신을 허비하는 전도된 삶을 살게 된다.

그것의 극단적 형태가 중독이다. 일정한 한계를 넘어서서 스스로 자제할 수 없을 때 우리는 중독됐다고 한다. 장 보드리야르는 이미지를 좇는 소비는 결국 중독으로 이어질 수밖에 없다고 말한다. 특정한 것에 지나치게 집착하고 소비하여 일상생활을 하기 어렵다면 그것은 소비에 중독된 것이다. 소비 중독은 소비라는 바이러스에 걸려 소비하지 않고는 살지 못하는 상태를 말한다.

소비냐 향유냐

우리는 더 많은 소비를 하기 위해 더 많은 시간 노동한다. 그래서 늘 만성 피로에 시달린다. 자도, 놀아도, 공부해도, 쉬어도 피곤하다. 부모님이 우리와 시간을 같이하지 못하는 까닭도 이와 무관하지 않다. 가족의 소비를 위해 우리 부모님은 더 많은 시간을 일해야 하는 것이다. 사교육비는 물론 더 넓은 아파트 평수, 더 큰 차, 더 잦은 외식을 위해 부모님은 평생 노동에 시달려야 한다. 이러한 소유물이 우리의 자랑이기만 할까? 어머니와 아버지는 이 때문에 늘 피곤하다. 휴일은 내일의 일을 위한 보충일 뿐, 쉼이 아니다. 부모님은 휴일에 늘 침대 위에 있고 TV와 함께한다. 우리는 행복하고자 가족이 이루었으나 함께할 수가 없다. 우리에게 날아오는 고지서가 부모님을 쉴 수 없게 한다.

그러다 노동력이 약해지면 부모님은 타의에 의해 그마저도 물러나야 한다. 삶을 제대로 누리지도 못한 채 부모님은 한 평생 일만 하다 결국 무능력자로 낙인 찍혀서 물러나야 하는 것이다. 부모님이 그리 하시듯 나도 그래야 한다는 것을 우리는 모르지 않는다. 그럼에도 혹시나 하는 마음에 더 많은 시간 공부를 하고 일을 해서 돈을 벌어 원하는 삶을 살고자 하지만, 그러면 그럴수록 필요한 것도, 해야 하는 것도 그와 비례하여 늘어날 뿐이다. 소비를 위해 관계를 유보하고 시간과 삶을 허비하다 결국 자신을 다 소진해버린다.

그러나 모두가 다 그런 것은 아니다. 모든 소비가 다 나쁜 것만도 아니다. 어떤 사람은 소비의 허상을 일찍 깨달아 우리와 다른 삶을 사는 사람들도 있다. 그리고 바람직한 소비는 삶에 활력을 주고 경제에 도움이 되기도 한다. 또 특정한 것에 관심을 가지고 몰두함으로써 마니아, 전문가가 되기도 한다. 현실이 너무 버거울 때 잠시 현실에서 벗어나 다른 것에 집중하고 분위기를 바꾸는 것은 삶의 지혜이기도 하다. 그래서 우리는 늘 현실이 아닌 꿈을 꾼다. 꿈을 꾸지 않는 것은 물 없이 사막을 건너는 일과 같다. 실재하는 현실을 부인하고 이미지만 좇는 것이 아니라 현실과 이미지를 통하여 오히려 자신의 삶을 아름답고 건강하게 가꾸는 일. 우리는 이를 누림, 다시 말해 향유라 한다. 향유는 비생산적인 소비와 달리 소비함으로써 삶에 긍정적 힘을 더하는 것이다. 이것이 예술적 삶, 또는 삶의 예술이다.

돈을 벌어 소비하기 위해 노동하는 것이 아니라 아름다운 삶을 위해 삶의 주체가 되는 능동적인 삶을 예술적 삶이라 한다. 생각하는 가운데 분별 있게, 적절하고 적합하게 취하고 나누는 아름다운 삶, 그것이야말로 진정한 예술로서의 삶일 것이다. 소비하기 위해서가 아니라 향유하기 위해서 하는 일, 그것을 우리는 생물학적 일과 특정 목적을 위해 하는 노동과 구분하여 아름다운 삶이라 부른다. 삶이란 단순한 생명 연장이 아니요, 재력을 취하는 데 목적이 있는 것이 아니다. 삶 자체를 누리고 향유하는 것이 삶의 목적이다.

소비가 아닌 향유하는 삶을 위해서 우리는 모든 것을 적절히 활용할 수 있어야 한다. 요즈음 같이 가상과 현실이 교차하는 때일수록 이를 적절히 누리고 활용하는 삶이 무엇보다 중요하다. 무엇이 가상이고 현실인지 구별은커녕 경계조차 희미해진 정보사회에서 무엇을 소비하고 향유할 것인지 하는 문제는 매우 중요한 문제가 아닐 수 없다. 특히 제4차 산업혁명을 눈앞에 두고 있는 현재 우리는 무엇을 어떻게 소비하고 활용해야 할까.

플라톤은 우리가 실재라고 여기는 현실이 가상이며, 우리가 가상이라 하는 것이야말로 참으로 실재한다 했다. 어쩌면 가상과 실재란 어떻게 여기는가에 달려있을지 모른다. 그리고 헤겔이 말한 것처럼 모든 현실적인 것은 이성적인 것이요, 이성적인 것은 현실적인 것이라고 외쳐야 하는지도 모른다. 하지만 시대가 바뀌어도 분명한 것은, 이미지든 실재든 내가 생각하고 판단한 것만을 소비해야 한다는 사실이다. 그럼에도 불구하고 마치 브랜드를 소비하듯 일방적으로 이미지를 좇고, 가상현실을 소비한다면 우리의 삶은 어떻게 될까.

무분별한 소비로 인해 자연이 사라지는 것처럼 무분별한 이미지를 소비하다가 우리도 사라지는 것은 아닐까. 내가 되지 못한 삶이 의미가 없듯, 내가 없는 현실이 무슨 의미가 있을까? 자연을 돌보지 않고 소비하던 잘못을 가상공간에서도 범하는 어리석음을 피하기 위해, 그리고 뒤늦게 후회하지 않기 위해 이제 우리의 태도를 바꿔야 한다. 더 이상 소비는 아름답지 않다. '사려 깊은' 소비가 아름답다. 우리는 아름답게 소비할 때 비로소 존재한다.

함께 읽으면 좋을 책들 ●───────────────────

《소비의 사회》, 장 보드리야르 지음, 이상률 옮김, 문예출판사, 1992.
이 책은 사유하는 주체가 아닌 소비하는 주체로 살아가는 현대 자본주의 사회의 문제가 무엇인지에 대해 자세히 기술하고 있다. 저자는 우리의 소비생활이 철저히

'기호화'되어 있다고 말한다. 수많은 광고와 이미지에 휘둘리며 살 수밖에 없는 현재, 우리는 주체적 자아로 살기 위해 장 보드리야르의 목소리에 귀 기울여야 하지 않을까.

《피로사회》, 한병철 지음, 김태환 옮김, 문학과지성사, 2012.
성과를 위해 무한경쟁을 해야 하는 현대인들의 삶과 욕망에 대해 예리하게 파고들며 고단한 삶으로부터 참다운 삶을 살아가는 길에 대해 생각하도록 이끈다. 왜 우리는 진정으로 자유롭게 살지 못하는지, 왜 행복해지기 어려운지에 대해 확실한 답을 제시해줄 것이다.

놀이

놀이를 잊은 그대에게

사람들은 대체로 노는 것을 좋아한다. 나도 노는 것을 좋아한다. 어릴 적 내가 제일 좋아했던 놀이는 구슬치기, 딱지치기, 사방치기, 자치기 등의 놀이였다. 방안 가득 구슬과 딱지를 모아놓고 좋아했던 기억이 난다. 나이가 들면서 바둑, 장기, 화투 등도 즐겼다. 놀이를 하다 보면 참으로 신기한 현상이 일어난다. 시간이 무척 빨리 간다는 것이다. 신선놀음에 도끼자루 썩는 줄 모른다는 속담이 있는데, 이 말은 놀이가 지니는 성격을 가장 잘 말해주는 것 같다. 요즘 학생들에게 논다는 것은 자주 비난받을 만한 것으로 간주된다. 이것은 지나치게 공부만을 강조하고, 그에 따라 직업 활동을 하여 성과를 내는 것을 우선시하는 사회의 한 측면이다. 이때 인간은 뭔가 만들어내는 인간, 노동하는 인간이다. 인간은 동물과는 달리 이성적이기에 더욱 정신적인 것을 추구해야 한다는 생각이 있다. 서양인들은 도구를 가지고 일하는 인간, 즉 호모 파베르Homo Faber와 생각하는 인간인 호모 사피엔스Homo Sapience를 자주 강조해왔다. 하지만 인간은 뭔가 만들며 일하고 생각하고 궁리하기도 하지만, 이러한 것에 앞서 '놀이'한다. 오늘날 우리는 이 놀이를 자주 망각하고 있다. 하지만 따져보면 인류는 처음부터 놀이하면서 자신의 문화와 문명을 만들어왔다.

네덜란드의 역사학자 요한 하위징아Johan Huizinga(1872~1945)는 오래전부터 인류가 놀이하면서 살아왔다고 주장한다. 그에 따르면 인류는 문화를 만들기보다도 훨씬 이전부터 놀이하며 살아왔지만, 학자들은 지금까지 놀이의 개념과 놀이가 문명 속에서 지니는 중요성을 강조하지 않았다. 인간은 놀기 때문에 기계적인 물체 그 이상이다. 왜 아이들은 놀며 즐거워하는가? 왜 노름꾼은 노름에 미치는가? 왜 많은 사람들이 축구나 야구 시합에 열광하는가? 이러한 물음에 대한 여러 가지 대답들이 있다. 어떤 사람은 인간이 노는 이유를 모방 본능에서 찾기도 하고, 긴장에서 벗어나려는 욕구에서 찾기도 하고, 아이들을 교육시키기 위한 수단으로 보기도 한다. 또 어떤 사람은 폭력 충동 등과 같이 해로운 충동을 발산시키는 우회로쯤으로 생각하기도 한다. 이러한 것들은 놀이가 지니는 부분적인 특성을 설명하는 하지만, 인간의 삶 전반에 걸쳐 존재하는 놀이의 성격을 포괄하기에는 부족하다. 하위징아는 인류가 지금까지 해오던 여러 가지 놀이의 특성을 고찰하면서 놀이의 특성을 크게 세 가지로 분류한다.

놀이가 가지고 있는 특징

먼저, 놀이는 자발적인 행위다. 만약 어떤 사람이 강요에 의해서 놀게 된다면, 그것은 이미 놀이가 아니다. 아이들은 자발적으로 그룹을 만들고 규칙을 만들어 놀이에 참여한다. 따라서 놀이는 자유로운 것이다. 두 번째로 놀이는 일상적인 생활이 아니다. 놀이는 실제의 생활에서 잠시 벗어나서 하는 활동이다. 아무도 놀이를 진지하게 생각하지 않는다. 잠시 놀이에 들어갔다가 다시 일상으로 돌아가야 진짜 놀이다. 놀이가 일상생활이라면, 그것은 놀이라고 할 수 없다. 만약 어떤 사람이 놀이를 통해 돈을 벌고, 매일같이 놀기만 한다면, 그는 더 이상 노는 것이 아니다. 놀이는 보통 일상 공간에서 이루어지지 않는다. 물론 놀이하는 장소가 일상의 생활 공간일 수도 있다. 하지만 이때의 공간은 더 이상 일상 공간이 아니다. 이미 일상의 공간과는 다른 의미가 부여된 공간이다. 놀이는 진지한 일상의 공간에서 벗어나 잠시 일상을 잊고, 새로운 규칙의 세계로 들어가는 것이다. 그래서 놀이는 시간의 제약성을 가지고 있다. 놀이는 잠시 일정한 시간 동안 지속되는 것이지, 일생 동안 지속되지 않는다. 앞에서도 언급했듯이 놀이가 시간적 제약을 넘어 언제나 일상생활을 지배하게 된다면 더 이상 놀이가 아니다. 놀이는 어느 순간에 시작되었다가 어느 순간 끝난다.

　마지막으로, 놀이에는 규칙이 있다. 놀이는 규칙 안에서 이루어지는 사람들의 일시적인 몰입이다. 혹은 일상생활에 존재하지 않았던 마법의 세계로 들어가는 것이다. 이 마법의 세계에서는 전혀 다른 규칙이 적용된다. 마치 연극에서 각자의 역할이 주어지고, 그 역할에 맞는 규칙이 주어지듯이 놀이 안에서는 전혀 다른 규칙이 통용된다. 만약 누군가가 놀이 안에서 통용되는 규칙을 일상의 규칙으로 가지고 온다면, 그는 놀이를 전혀 이해하지 못하는 것이다. 이와 반대로 놀이의 규칙을 수용하지 않고 놀이에 일상의 규칙을 적용하려고 하는 것 또한 놀이를 이해하지 못하고 있는 것이다. 이때 일상의 규칙에 고착되어 놀이의 규칙을 받아들이지 않거나 놀이 안에서 합의한 규칙을 위반하거나 무시하면 놀이 파괴자가 된다. 이처럼 놀이의 특성에는 자발적인 참여, 일상에서 벗어남, 공간과 시간의 제약성, 그리고 새로운 규칙 적용 등이 있다. 사람들은 이러한 놀이를 통해 힘겨운 일상을 잠시 잊고, 타인과 더불어 공동체를 형성하며 건강하고 활기차게 인생을 살아간다.

모든 것이 놀이다!

　놀이에는 여러 가지가 있다. 우리가 흔히 길에서 보는 어린아이의 놀이에서부터 축제, 가면놀이, 놀이기구를 타는 놀이, 내기와 도박, 법률소송과 종교적 제의 등의 놀이가 있다. 이러한 놀이들은 모두 우리들이 살아가는 일상에서 벗어나 있으며, 독특한 규칙의 지배를 받는다. 또한 우리가 이러한 놀이에 자발적으로 참여한다는 공통점도 있다. 철학자들의 논쟁이나 법률 논쟁, 시를 짓거나 노래하는 등의 행위도 모두 놀이로 볼 수 있다. 사람들은 이러한 놀이를 통해서 새로운 문화를 창조하고, 문화는 놀이의 변화를 통해서 매순간 변화한다. 하위징아는 놀이를 다음과 같이 정의한다.

놀이는 어떤 고정된 시간과 공간의 한계 안에서 수행되는, 그리고 자유롭게 받아들여진, 그러나 절대적 구속력을 갖는 규칙에 따라 수행되는 자발적인 행위 또는 일로서, 그 자체의 목적이 있으며, 또 거기에는 어떤 긴장감과 즐거움이 따르며, '일상생활'과는 '다른' 것이라는 의식이 따른다.

만약 이렇게 놀이를 정의한다면, 인간이 하는 거의 모든 행동이 놀이의 범주에 들어간다. 하위징아는 종교적 행사도 놀이의 범주에 넣었다. 철학적 논쟁이나 소송절차에 관한 행위도 놀이로 봤다. 앞에서 말한 대로 놀이를 '자유롭게 받아들여지고 구속력을 갖는 규칙에 따라 수행되는 행위'라는 차원에서 보면 놀이와 놀이 아닌 것을 엄격하게 나누기 힘들어 보인다. 이 때문에 프랑스 사회학자 로제 카이와Roger Caillois는 하위징아의 입장을 비판하기도 했다. 예를 들면 종교적인 행사는 성스러움의 한 가운데서 일어나기 때문에 놀이로 볼 수 없다고 한 것이다.

저자는 유희의 정의를 너무나도 확장하기 때문에, 결국 규칙이 있고, 약속에 따르면, 이유 없는 모든 형식이 놀이에 들어간다. 그의 공식公式은 전술, 운율학, 소송절차까지도 포함한다. 그러므로 놀이가 문화를 세련되게 만드는 데 다양한 기여를 했다는 것을 그는 매우 훌륭하게 밝혀냈는데, 그가 이 놀이라는 동일한 본능이 성스러움에서도 표출되고 있음을 발견한 것은 놀랄 일이 아니다. 이미 지적한 바와 같이, 이러한 탐구의 길은 성과가 많으며, 그곳에서는 아직도 놀라운 발견을 할 수 있다. 그럼에도 불구하고 (놀이와 성스러움의) 형식은 비교될 수 있다 하더라도, 그 내용이 각각 다르다는 것은 여전히 틀림없다. (…) 요컨대 의식儀式 전체가 어딘지 모르게 놀이와 닮은 점이 있다. 그러나 더 이상 형식이 아니라 제식 집행자와 신자의 내면적인 태도를 고찰한다면, 그곳에서 문제되는 것은 희생과 성체배령聖體拜領이며, 그때 사람들은 성스러움의 한가운데에 있기 때문에 유희라고 볼 수 있는 것과는 멀리 떨어져 있음을 알 수 있다.

일찍이 아리스토텔레스는 《시학》에서 모방(mimik) 또는 흉내 내기를 말한 바 있다. 오늘날 철학적으로 많은 의미를 담고 있는 개념인 미메시스mimesis 역시 모방이라는 어원에서 나왔다. 누군가의 것을 흉내 내더라도 완벽하게 똑같이 따라 할 수 없다. 모방의 과정에서 새로운 해석이 들어갈 수밖에 없는 것이다. 따라서 어떤 사람이 이미 알고 있는 말이나 행동을 흉내 낸다고 해도 이는 근본적으로 모방을 통한 '창조'의 과정이다.

이 점에서 인간이 언어로 사람들과 대화하고 책을 읽고 예술 작품을 감상하는 모든 과정은 언어로 수행되는 일종의 놀이라고 볼 수도 있다. 철학자 가다머는 이러한 인간의 원초적인 행위를 줌·받음의 놀이 과정으로 이해하기도 했다. 이렇게 언어로 이루어지는 상호 간의 언어교환 과정 그 자체에 인간이 수행하는 놀이의 속성이 있는 것이다. 언어가 인간의 삶에 가지는 의미를 파악하는 과정에서 비트겐슈타인은 처음에는 사실에 부합하는 말만이 의미가 있다고 생각했다가, 나중에는 사실에 부합하지 않더라도 특정한 공동체 안에서 무리 없이 소통되고 용인되는 말이 있다면, 그 말은 그 안에서 의미를 가진다고 했다. 이른바 말놀이(Sprachspiel) 개념을 통해서 그가 말하고자 한 것도 인간의 삶이 이러한 놀이로 구성되어 있다는 사실을 잘 보여준다.

놀이를 잃어버린 사회

오늘날 우리는 성과 사회에 살고 있다. 제한된 시간 안에 어떤 결과를 내야만 자신의 존재 가치를 인정받고 성공한 사람으로 인정받는다. 시간이 공간의 한 지점처럼 균질화되고 수량화되기 시작하면서, 사람들은 시간을 절약할 수 있다고 생각하고 시간이 곧 돈이라고 생각하며 매우 바쁘게 일한다. 시간이 마치 퍼즐 조각처럼 꽉 짜여 있기 때문에 시간 안에 성과를 내지 못하면 퍼즐 조각 하나가 빠진다고 생각한다. 퍼즐 조각 하나가 빠져 있는 것은 뭔가 문제가 있는 것, 완성되지 않은 것이다.

모든 것을 시간의 틀에 집어넣고 시간을 정교하게 나누어 행동을 규제하는 것이 일반화되어 버렸다. 이미 오래전에 찰리 채플린은 영화 〈모던 타임스〉에서 노동자들이 밥 먹는 시간마저 절약하기 위해서 기계를 도입하려고 하는 모습을 보여줬다. 오늘날에도 사정은 마찬가지다. 누가 보고 있는 사람이 없더라도 현대인들은 스스로 성과를 내야 한다는 강박관념 속에서 살아간다. 모든 것이 수량으로 평가된다. 오늘날 돈이 모든 것의 기준이 됐다. 그러다 보니 놀이 산업, 여가 산업이 따로 만들어졌다. 즉 일과 노동과 일상의 진지함에서 벗어나 잠시 쉬는 활동도 돈을 내고 주어진 시간 안에 놀아야 하는 활동이 되어버린 것이다.

옛날 사람들은 지금보다 여유를 가지고 놀이하며 살았다. 이따금 일과 노동에서 벗어나 놀이 시간을 자유롭게 확보함으로써 훨씬 풍부하게 살았다. 더 많은 시간을 확보하기 위해 기술이 발전하고 산업화가 이루어졌지만, 우리는 더 많은 여가 시간을 갖기는커녕 언젠가 가지게 될, 그러나 한 번도 가질 수 없는 먼 미래의 '여가'를 위해 매일을 희생하는 삶을 살고 있다. 산업사회가 되면서 사람들은 놀이를 즐기는 것이 시간을 낭비하거나 게으른 것이라고 생각하는 경향이 있다. 휴식 시간에도 사람들은 일에 대한 부담으로 제대로 쉴 수조차 없다. 오늘날 우리는 놀이와 축제를 잊어버리고 산다고 해도 과언이 아니다.

또한 현대인들은 놀이를 어린 시절의 것, 과거의 것으로 생각하는 경향이 있다. 잘 생각해보면 사람들이 스트레스를 받아서 힘들어하는 것은 놀이를 잃어버렸기 때문이다. 아이들이 컴퓨터 게임에 몰두하는 것,

자기만의 세계에 빠져 친구들과의 관계를 잃는 것은 모두 진지함의 시간이 길어져 자유로운 공간을 상실했기 때문이다. 상상의 놀이를 하든, 인형 놀이를 하든, 화투를 하든, 사람들은 일정한 놀이 공간을 필요로 한다. 과거에는 놀이와 일상이 언제나 교대하면서 비교적 여유롭게 살았다. 아이들은 밖으로 나가 얼마든지 친구들과 놀 수 있었다. 오늘날 '논다는 것'은 금기어다. 논다는 것은 게으르다는 것이고, 사회에 부적응한 삶을 사는 것이고, 비판받아 마땅한 행위를 하는 것이다. 그래서 사람들은 놀 엄두를 내지 못한다. 놀더라도 압박감 속에서 놀기에 진정으로 놀지 못한다.

놀이와 인간

놀이를 잃어버렸다는 것은 인간적 삶의 기본적인 조건이 상실되었다는 것을 의미한다. 놀이는 자유로운 활동인데 자유로운 활동을 하지 않고 기계처럼 주어진 성과만을 내기 위해서 일한다면, 그것은 그야말로 기계의 삶이지, 인간의 삶은 아니다. 자유롭게 규칙을 만들고 자유롭게 놀 수 있는 길이 열리지 않는다면 새로운 것을 창조하는 능력이 생길 수 없는 것은 당연하다. 인류는 오래전부터 창조적인 놀이를 통해 새로운 문화를 만들어왔다. 새로운 문화의 창조는 새로운 놀이 공간 없이는 존재하지 않는다.

아리스토텔레스가 간파했듯 놀이에는 교육적 효과도 있다. 놀이를 통해 모방을 하고, 이 모방이 모든 배움의 시작이다. 놀이를 매개하지 않는 상태에서는 모든 배움과 지식의 내용들이 추상적인 기호로 전락한다. 암기해야 할 대상만 존재하고, 시험 문제를 풀 뇌 속의 창고만이 필요하다. 직접 타인들과 만나면서 이루어지는 활동을 통해 교감이 이루어지고 공감 능력도 생긴다. 또 타인과 대화하고 토론하는 과정에서 민주주의의 놀이도 배울 수 있다. 함께하는 놀이 규칙이 존재하지 않다면 사람들은 자기만의 폐쇄적인 세계에 빠져서 타인과 더불어 살아가기 힘든 '원자적' 개인이 된다. 놀이는 진지함에서 벗어나 이 세상을 살 만한 것, 재미있는 것으로 만드는 마법을 부린다. 영화 〈인생은 아름다워〉에서는 아버지가 아들에게 강제수용소의 상황을 놀이로 이해시키고 설명하는 장면이 나온다. 아버지는 아이에게 진지한 상황을 알려주면 자칫 아이가 공포와 두려움에 사로잡혀서 힘들어할 수 있기에, 상황을 놀이처럼 만들어 아이가 위기를 넘어서도록 한다. 인생에 놀이가 없고 진지함만 있다면 사람들은 지쳐서 살 수 없을 것이다.

지금까지 서양은 인간을 이성적인 존재로만 파악했다. 그래서 이성적이지 않은 여타의 것을 배제하는 방식으로 문화를 만들어왔다. 자본주의는 인간을 노동하는 인간으로 규정했다. 노동의 가치는 그 자체로 중요하고 신성하다. 그러나 노동은 여가와 휴식이 있을 때에만 노동일 수 있다. 노동만이 존재하는 삶은 기계의 삶이요, 인간의 삶이 아니다. 인간을 놀이하는 존재로 파악할 때, 서양의 일면적인 인간 이해를 넘어서 새로운 삶과 문화의 지평을 열 수 있을 것이다. 우리는 이 점을 다시 진지하게 생각해보아야 할 시대에 살고 있다. 인간은 놀이한다. 고로 존재한다.

함께 읽으면 좋을 책들 ●

《호모 루덴스》, J. 하위징아 지음, 김윤수 옮김, 까치, 1997.
현대인들에게는 가끔씩 여가가 주어지지만, 이 여가마저도 소비의 형태로 수동적으로 즐긴다. 그래서 늘 지루하고 단조롭게 살아간다. 그 이유는 무엇일까? 우리가 진정한 의미의 놀이를 상실했기 때문이다. 현대인들은 인간 삶에서 빼놓을 수 없는 중요한 가치인 놀이를 상실해가고 있다. 저자는 논다는 것은 인간의 고유한 속성이고, 인간의 문화와 문명이 놀이로부터 나왔음을 말한다.

《놀이와 인간》, 로제 카이와 지음, 이상률 옮김, 문예출판사, 1994.
하위징아의 《호모 루덴스》와 더불어 놀이하는 인간에 대한 고전적 명저로 알려져 있는 책이다. 하위징아가 보지 못했던 놀이의 요소를 첨가하여 놀이와 관련된 이해를 정리했다. 오늘날 우리는 노동하는 인간을 당연하게 여기고 게으름을 피우거나 놀 수 있는 권리를 경시한다. 하지만 저자는 건강하게 놀 수 있을 때 인간의 삶이 건강해진다고 말한다.

사랑의 진정한 의미

사람은 무엇으로 사는가?

톨스토이Leo Tolstoi는 단편소설《사람은 무엇으로 사는가》에서 '사람은 무엇으로 사는가'에 대한 답을 간결하게 제시한다. 답은 바로 사랑이다. 사람은 사랑으로 산다는 것이다. 이 작품의 줄거리는 이렇다. 미하엘 천사는 신의 명령을 어겨 벌로 지상에 내려오는데, 신은 미하엘이 세 가지 진리를 깨닫게 되면 다시 천사가 되어 천상으로 올 수 있다고 했다. 신이 미하엘에게 알아보라고 한 것은 '사람 안에 있는 것은 무엇인가', '사람에게 주어지지 않은 것은 무엇인가', '사람은 무엇으로 사는가'에 대한 대답이었다. 미하엘은 헐벗은 청년으로 지상에 유배되었다. 그런데 시몬 부부가 그를 데려와 구두 수선하는 일을 가르치며 키운다. 미하엘은 부부를 통해 사람 안에는 사랑이 있다는 것을 깨닫는다. 어느 날 한 부자가 미하엘에게 와서 1년을 신어도 형태가 변하지 않고 바느질이 터지지 않는 튼튼한 구두를 만들어 달라고 주문한다. 미하엘은 부자가 곧 죽을 것을 알고, 장화 대신 사람이 죽었을 때 신기는 단화를 만들어주었다. 얼마 뒤 부자는 세상을 떠난다. 미하엘은 신의 두 번째 질문에 대한 답을 깨닫는다. 사람은 자신에게 필요한 것이 무엇인지 아는 힘이 없다는 것이었다. 그 후 6년이 지난 어느 날 한 부인이 쌍둥이 아이들의 신발을 맞추러 온다. 그녀는 아이들의 어머니가 일찍 죽어 자신이 대신 키우고 있다고 말한다. 이때 미하엘이 미소를 짓는다. 미하엘이 쌍둥이를 데려다 키운 부인을 보면서 깨달은 마지막 신의 질문에 대한 답은, 사람은 사랑으로 산다는 것이었다.

이 이야기는 사람 안에 사랑이 있고, 사람은 누군가의 사랑과 보살핌으로 살아가는데, 사람들은 정작 이 사랑의 가치를 모르고 있다는 것을 알려준다. 사람이 사랑으로 산다는 것은 모든 인간이 누군가의 도움 없이는 살 수 없다는 진리를 잘 말해준다. 물론 자식을 돌보지 않는 부모도 있고 부모를 사랑하지 않는 자식도 있지만, 다른 동물과 달리 사람은 장기간의 돌봄 없이는 살아가기 힘들다. 그렇기 때문에 우리들은 모두 누군가의 사랑에 빚지고 있다. 동양, 특히 중국, 일본, 한국에서는 공자와 맹자 사상의 영향으로 부모와 자식의 사랑에 기초한 가족을 매우 중요시했다. 공자와 맹자는 부모가 자식을 사랑하는 것을 기초로 하여 점차 그 영역을 확대하면 바람직한 세상이 만들어질 수 있다고 생각했다. 하지만 가족 테두리 안에서의 사랑에 멈춰버리면, 이는 종족 이기주의 혹은 가족 이기주의에 빠질 우려가 있다. 일찍이 묵자는 공자와 맹자의 이러한 입장을 비판하며, 자신의 가족뿐만 아니라 친구의 가족 및 타인의 가족까지 모두 사랑할 수 있어야 한다는 겸애설을 주장하기도 했다.

사랑이란?

공자나 맹자처럼 톨스토이도 사람 안에 사랑이 있다는 점을 깨닫고 이것을 잘 발휘하도록 하면 아름다운 세상이 될 수 있다고 생각했다. 그런데 사람들은 자신에게 필요한 것이 사랑이란 사실을 깨닫지 못하며, 오래 살 것처럼 살아간다. 1년을 신어도 헤지지 않을 구두를 주문한 부자의 상황이 이를 잘 보여준다. 《사람은 무엇으로 사는가》를 통해 톨스토이는 나약한 존재인 인간이 거친 세상에서 살아갈 수 있는 유일한 힘이 사랑임을 보여주고자 했다. 그런데 이러한 사랑에 대한 몇 가지 오해가 있다.

에리히 프롬Erich Fromm(1900~1980)은 《사랑의 기술》에서 오늘날 현대인들은 사랑에 관해 오해하고 있다고 말한다. 사랑이 어느 날 갑자기 찾아오는 것이라 생각한다는 것이다. 만약 어느 날 갑자기 빠지는 것이 사랑이라고 한다면, 이는 어느 날 갑자기 생긴 감정의 변화가 사랑이라는 의미다. 그런데 인간의 감정은 수시로 바뀐다. 사랑에 빠져서 연애를 하고 결혼을 했는데 감정이 지속되지 않아서 사람들은 당황한다. 에리히 프롬에 따르면 이는 우리가 사랑은 '빠지는' 것이 아니라 '참여하는 것'이라는 사실을 깨닫지 못하기 때문이라고 지적한다. 사람들은 사랑에 빠지기 위해서는 사랑에 빠질 만한 매력적인 대상이 필수적인 것처럼 생각한다. 그래서 내 마음에 드는 잘생기거나 예쁜 사람이 나타나지 않으면 결코 사랑이 성립될 수 없는 것처럼 생각하는 경향이 있다. 즉, 사람들은 사랑이 대상의 문제라고 생각하기 때문에 마치 백화점에 가서 자기 마음에 드는 물건을 고르듯 대상을 찾아 나선다. 그래서 멋진 대상이 없으면 사랑할 일도 없다고 생각한다. 사랑을 사랑할 만한 대상의 문제로 생각하기 때문에 사람들은 사랑받는 대상이 되려고 노력한다. 현대인들이 사랑에 대해 지니고 있는 또 하나의 오해가 바로 이것이다. 사랑은 주는 것이 아니라 받는 것이라고 생각한다는 점이다. 사람들은 다른 사람에게 매력적으로 보이기 위해 몸매를 가꾸고 화장을 한다. 혹은 능력 있는 사람이 되기 위해 열심히 노력한다. 하지만 자신의 몸을 가꾸거나 능력 있는 사람이 되기 위해 노력하기만 한다고 해서 언제든 사랑할 수 있는 것은 아니다. 사랑은 대상의 문제가 아니다. 사랑은 빠지는 것이 아니라 참여하는 것이며, 받기보다는 주는 것이다. 알면 알수록 어려운 것이 사랑이다. 그렇다면 사람들은 왜 사랑할까?

우리는 왜 사랑할까?

남자와 여자, 혹은 동성은 왜 서로 사랑할까? 진화심리학의 관점에서 보면 남녀 간의 사랑은 다른 동물과 마찬가지로 짝짓기 행동에 불과하다. 과연 사랑은 짝짓기에 불과한 것일까? 플라톤은 《향연》에서 사랑의 이유를 잃어버린 반쪽을 찾는 것에서 보았다. 원래 인간은 남녀, 남남, 여여로 묶여 있는 하나의 생명체였다고 한다. 그런데 이렇게 잘 지내던 인간들을 질투한 나머지 제우스가 인간을 둘로 갈라놓았다. 그 이후 인간들은 자신의 잃어버린 반쪽을 찾아 상처를 치유하고 완전해지려고 하는 데서 사랑이 나왔다고 한다. 에리히 프롬도 이와 비슷한 주장을 했다. 인간은 원래 어머니 뱃속에서 아늑한 생활을 유지하면서 편안하게 살았다. 세상에 태어나면서 이 아늑한 보금자리를 잃어버려서 세상 속에서 다시 보금자리를 찾기 위해 노력한다는 것이다. 사람들은 단체에 가입하거나 신비로운 황홀경에 빠져서 이러한 안정감을 찾으려고 한다. 남들이 하는 방식대로 따라 하면서 혼자임을 벗어나려고 하거나 알코올이나 약물에 의존하여 합일 상태로 돌아가고자 하는 것이다. 하지만 이러한 합일 상태는 일시적일 뿐만 아니라 소모적이다. 사람들은 예술과 같은 창조적인 활동을 통해서 아늑함을 회복하려 하기도 한다. 누군가를 사랑하는 것 역시 결합을 통해서 이러한 아늑함을 되찾기 위한 것이다. 하지만 프롬에 따르면 사랑은 이러한 결합을 넘어서 있다. 두 사람은 서로 다른 개체로 존재하기 때문이다. 따라서 사랑은 합일이라는 측면과 독립적인 개체라는 두 가지 측면이 동시에 성립한다.

서로 사랑하는 관계는 나와 타인이 구별되지 않는 공생관계다. 상대방이 슬픔을 당하면 같이 슬프고, 상대방이 기뻐하면 같이 기뻐한다. 다른 한편으로는 각기 독립된 개체로 존재하기 때문에, 만약 상대방이 잘못된 일을 함에도 불구하고 맹목적으로 상대방을 두둔한다면 이것은 진정한 의미에서의 개체성이 존재하지 않는 상태라 할 수 있다. 마치 고슴도치의 역설처럼 두 사람의 관계는 너무 가까이 있어도, 너무 멀리 있어도 좋지 않다. 1:1의 수평적 관계에 있어야 좋다. 연인 간에 폭력이 있다면 그것은 수평적인 관계가 아니라 한쪽이 다른 한 쪽을 일방적으로 지배하는 관계다. 이러한 관계는 결코 사랑의 이름으로 정당화될 수 없다. 각각 자신의 의견을 가지면서도 공감의 관계를 형성하는 관계가 이상적인 사랑의 관계다. 따라서 둘이면서 하나인 긴장 상태를 유지하는 관계야말로 진정한 의미의 사랑이라고 할 수 있다. 이 점에서 보면 우리는 어떤 이유 때문에 상대방을 사랑하는 것이 아니라, 내가 능동적으로 사랑하는 것이 중요하다. 상대방이 가진 조건에 의해서 좌우되는 사랑이 아니라, 내가 적극적으로 사랑할 수 있는 능력의 문제인 것이다. 그러므로 우리는 사랑받는 사람이 되는 것보다 사랑할 줄 아는 사람이 되는 것이 먼저다. 능동적으로 사랑하는 삶은 인간이 처한 실존의 공허를 채워주며, 안정적이고 바람직한 사회를 이끈다. 즉 사랑은 인간의 실존 문제에 대한 하나의 해답이라고 할 수 있다.

사람 사는 세상의 특징 하나

대체로 사람은 사랑하는 상대방을 배려한다. 마치 화분을 가꾸는 사람이 식물의 상태에 관심을 가지고 배려하듯이, 어머니가 자식을 배려하듯이, 사람은 사랑하는 상대방이 필요한 것이 무엇인지, 부족한 것이 무엇인지를 잘 살피고 배려한다. 이렇게 잘 배려하려면 상대방에 관해 잘 알아야 한다. 여기서 상대방을 안다는 것은 단지 상대방의 신상이나 주변 상황에 대한 지식을 말하는 것이 아니다. 상대방이 무엇을 좋아하고 싫어하는지, 상대방이 어떤 상태에 있는지 세심하게 관찰하는 것을 뜻한다. 만약 이러한 관심이 없다면 우리는 상대방을 사랑한다고 말할 수 없다. 흔히 사람들은 질투가 수반된 사랑이 진정한 사랑이라고 생각한다. 만약 질투심이 전혀 없다면 상대방에게 아무런 관심이 없는 것과 마찬가지라고 생각한다. 하지만 질투는 상대방을 있는 그대로 존중하지 않고 의심하거나, 상대방을 내가 원하는 방식대로 행동해야 한다고 생각하는 이기심과 소유욕의 반영일 수도 있다. 영어의 존경을 뜻하는 respect에는 '있는 그대로 본다'는 의미가 있다. 상대방을 나의 입장에서 이해하고, 나의 소유물처럼 여기는 것은 상대방을 있는 그대로 보는 것이 아니다. 특히 상대방을 남과 비교하며 왜 남들처럼 나를 대우해주지 않느냐고 불평한다면 이는 상대방을 존중한다고 할 수 없다.

우리는 자주 사랑의 이유를 찾는다. 마치 사랑의 이유와 조건이 있어야 사랑할 수 있는 것처럼 말이다. 물론 우리는 만나는 사람들과 처음부터 완전한 사랑의 관계를 맺기는 어렵다. 때로 우리는 이익 관계 속에서 상대방을 만나기도 한다. 상대방이 나에게 잘해주기 때문에, 상대방이 나에게 이익을 가져다주기 때문에 상대방을 좋아하기도 한다. 때로 우리는 즐겁기 때문에 상대방을 만난다. 같이 술을 마시거나, 같이 등산을 하거나 취미가 같아서 즐거움을 함께 나누기 위해 상대방을 만나기도 한다. 하지만 이러한 관계는 이익이나 취미라는 조건 때문에 서로 사랑하게 된 관계다. 이러한 조건이 사라지면 사랑의 관계도 곧 끝나기 쉽다. 비록 처음에는 이러한 관계로 만난다 할지라도, 점차 상대방의 인격적인 훌륭함을 있는 그대로 존중하지 않는다면 진정한 사랑의 관계가 될 수 없다. 많은 사람들이 연애를 하고 결혼을 하지만, 마음 깊은 곳에서 상대방과 진정한 사랑의 관계를 형성하지 못했기 때문에 자주 갈등이 생기고 헤어지기도 한다. 물론 갈등이 아예 없을 수는 없다. 갈등이 있더라도 상대방을 나와 다른 존재로 인식하면서 있는 그대로 인정해 줄 수 있는 자세가 필요한 것이다.

위에서 말한 바와 같이 에리히 프롬은 현대인의 사랑에 대한 오해와 진정한 사랑에 관해 말했다. 그가 지적한 대로 현대인은 사랑도 시장의 원칙에 따라 생각하는 경향이 있다. 사람과의 인격적인 관계를 마치 물건을 고르듯이, 혹은 타인이 좋아할 만한 물건이 되려고 하듯이 물건의 관계로 바꿔버린다. 그래서 고른 물건이 싫증 나면 버리는 것처럼 사랑을 언제든지 버릴 수 있는 소모품처럼 생각하기도 한다. 사랑이 자본주의 시장의 계산 방식에 따라 이루어진다면, 가정 안에서도 건전하고 인격적인 관계와 사랑이 성립하기 힘들다. 오늘날 만연해 있는 나와 그것(es)의 관계가 나와 너(du)의 관계로 변화할 때 진정한 사랑이 이루어질 것이다. 진정한 사랑에 바탕을 둔 '나와 너'의 관계는 가정뿐만 아니라 타자와의 관계에 인류애를 불어넣을 것이다.

《사람은 무엇으로 사는가》 이야기의 핵심은 결국 하나로 수렴된다. 사람들은 서로 사랑하기 때문에 사람의 세상을 만들며 살아간다는 사실이다. 이 세상에 태어난 나는 사랑 덕분에 다른 동물과 달리 자연의 세계에서가 아니라 인격적인 세계에서 사람의 무늬를 만들며 살아갈 수 있다. 우리 안에 있는 것은 사랑이고, 우리는 이러한 사랑으로 살아가며, 우리에게 필요한 것은 사랑이다. 그러나 우리는 이것을 잊고 산다. 우리는 나에게 맞는 배우자를 꿈꾸며, 나를 지극히 사랑해주는 누군가를 기다리며 살아간다. 그러면서 내가 능동적으로 사랑하는 일이 앞서 필요하다는 사실을 잊는다. 프롬이 말한 '조건 없는' 사랑은 우리들이 도달하기 어려운 이상적인 것일지 모른다. 그러나 우리는 한 번쯤 우리들이 너무 쉽게 생각하는 사랑의 방식, 그리고 우리가 잊고 있었던 사랑에 대해 진지하게 반성해야 한다.

함께 읽으면 좋을 책들 ●─────────────────────

《사랑의 기술》, 에리히 프롬 지음, 황문수 옮김, 문예출판사, 2012.
정신분석학적 입장에서 사랑의 본질을 분석하고 사랑에 대한 기술을 논의한 책이다. 사람은 보통 사랑에 빠진다고 생각한다. 그러나 과연 사랑에 빠지는 것이 사랑의 본질일까? 저자는 현대인들의 잘못된 사랑을 지적하며, 사랑도 배워야 하는 일종의 기술임을 말하고자 한다. 우리는 왜 사랑하며, 사랑이 인간 삶에서 어떤 의미가 있는지를 역설한다.

《욕망의 진화》, 데이비드 버스 지음, 전중환 옮김, 사이언스북스, 2007.

우리는 보통 남녀 사이의 연애를 사랑이라고 말한다. 하지만 진화심리학의 관점에서 보면, 인간의 사랑 역시 동물의 짝짓기와 마찬가지로 자기 종족을 번식시키기 위한 전략과 무관하지 않다. 신화나 철학에서 말하는 사랑과 달리 저자는 생명이 존재하면서 발전시켜온 진화의 관점에서 인간의 사랑을 설명한다.

<u>선택</u>

어떤 선택을 해야 할까?

그 이후에는(After that)?

지금 기억나는 최초의 선택의 딜레마는 "엄마가 좋아? 아빠가 좋아?"
라는 질문 앞에서의 순간이었다. 지금은 엄마가 물으면 엄마, 아빠가 물
으면 아빠지만, 어릴 때는 참 고민이 많았다. 엄마를 선택하면 아빠가 섭
섭해할 것 같고, 아빠를 선택하면 엄마가 섭섭해할 것 같았기 때문이다.
'둘 다 좋다고 하거나 그런 질문은 하지 말라고 말해야지', 하고 다짐했을
때는 이미 그런 질문을 받는 나이를 훌쩍 넘겨버렸다.

다시 진지한 선택의 딜레마에 빠진 순간은 대학에 입학하기 직전으
로 기억한다. 대학 입학시험을 마치고 모두들 학교 수업에 압박도 긴장감

도 없던 즈음, 마침 학교에서는 유명한 여러 목사님들을 매주 초청하여 시리즈 강연을 진행했다. 수업이 없던 고3을 위한 특별 강연이었다. 이때 많은 목사님들의 설교와 강연을 들었는데, 가장 기억에 남는 말 하나가 있다. 지금은 이름이 기억나지 않지만, 한 목사님이 강의를 하는 내내 우리에게 "After that?"이라 물었다. 졸업하고 나면? 대학에 가고 나면? 대학을 졸업하고 나면? 취업하고 나면? 결혼하고 나면? 아이를 낳고 나면? 하고 질문을 던지며 목표로 했던 것이 끝난 후에 무엇을 할 것이지를 생각하게 한 것이다. 목사님의 질문은 우리가 일시적으로 목표했던 것들이 전부가 아님을 깨닫게 했다. 우리는 언젠가 반드시 죽는다. 그 목사님은 우리의 평범한 인생을 묘비명으로 다음과 같이 압축할 수 있다고 했다. "누구누구는 한 평생 먹다, 살다, 죽어 여기에 잠들다." 그러고는 과연 인생에서 무엇을 하며 사는 것이 의미 있는 삶일까를 물었다. 그때의 이 질문, "After that?"은 지금까지도 나의 삶을 움직이는 좌우명이 됐다. 이때부터 그저 나 혼자만을 위해 먹는 것을 걱정하며 살다가 죽는 사람이 되지는 않아야겠다고 다짐했다. 그리고 정말 내가 하고 싶은 일을 하면서 살아야겠다고 생각했다. 이 두 다짐을 조합하면 다음과 같은 결론이 나온다. 내가 하고 싶은 일을 하며 살되, 그것은 반드시 남에게 도움이 되는 일이어야 했다.

뫼비우스의 띠

당시 수학 선생님의 마지막 수업 역시 잊을 수 없다. 수학 선생님은 앞으로는 보람된 일을 선택하는 사람들이 많이 나왔으면 좋겠다고 말했다. 그때 수학 선생님의 뜻밖의 진로 지도에 신선한 충격을 받았다. 선생님이 돈을 많이 벌 수 있는 직업보다는 사회에 기여할 수 있는 일을 택하기 바란다고 말했기 때문이다. 수학 선생님은 이후 대학 때 읽은 조세희의 소설 《난장이가 쏘아올린 작은 공》의 이야기 중 하나인 〈뫼비우스의 띠〉에 나오는 수학 선생님과 겹치면서 지금도 나의 기억에 남아있다. '뫼비우스의 띠'는 안과 밖을 구별할 수 없는 띠다. 이 이야기에 나오는 수학 선생님은 고등학교를 졸업하고 대학을 가려는 학생들에게 탈무드에 나오는 굴뚝을 청소하는 두 아이의 이야기를 들려준다. 두 아이가 굴뚝청소를 했다. 한 아이는 얼굴이 까맣고 한 아이는 얼굴이 하얗다. 누가 얼굴을 씻을까? 더러운 아이가 씻으리라는 학생들의 대답에 선생님은 얼굴이 하얀 아이가 씻을 것이라고 대답한다. 왜 그런가? 얼굴이 까만 아이는 얼굴이 하얀 아이를 보고 자신도 하얗다고 생각한다. 반대로 하얀 아이는 까만 아이를 보고 자신도 까맣다고 생각할 것이라는 것이다. 하지만 선생님은 다시 똑같은 질문을 던진다. 누가 얼굴을 닦을까? 학생들은 이미 그 답을 들어서 알고 있다며 얼굴이 깨끗한 아이가 닦을 것이라 답한다. 선생님의 다음 답변이 놀랍다. 두 아이 모두 굴뚝청소를 했는데 한 명은 깨끗하고 한 명은 더러운 일은 있을 수가 없다. 따라서 이 이야기는 잘못됐다는 것이다. 교사는 칠판에 뫼비우스의 띠를 그리고 안과 겉을 구별할 수 없는 뫼비우스의 띠를 생각해보라고 한다.

수학 선생님은 이 세상에는 수학처럼 하나의 정해진 답이 있는 것이 아니라 여러 일이 얽혀 있음을 알아야 한다고 말하고 있다. 나의 입장에서 보면 악이지만 타인의 입장에서는 밝일 수 있고, 나에게는 정의지만 타인에게는 불의일 수도 있음을 알아야 한다는 것이다. 수학 선생님은 학생들이 자신의 배움과 선택이 이익을 위해서만 쓰이고 고정관념에 의해 움직일 때 사회에 문제가 생길 수 있음을 보기를 바랐다. 무엇보다도 학생들이 비판적인 안목을 가지고 세상을 보도록 가르치길 원했던 것이다.

〈베트남 전쟁〉과 나

삶에서 중요한 산택을 하게 된 또 다른 계기는 리영희 교수의 〈베트남 전쟁〉 논문이었다. 이 논문은 나에게 새로운 시선을 열어주었을 뿐 아니라, 여러 문서를 각주로 인용하여 자신의 입장을 차분히 논리적으로 전개하는 능력이 매우 놀랍게 다가왔다. 이 논문을 읽고 리영희 교수의 이력에 관심을 갖게 돼 찾아보니, 교수가 4~5개 외국어를 할 줄 안다는 사실을 알게 됐다. 이때부터 나는 중국어, 일본어, 그리스어, 라틴어 등에 관심을 두고 공부했다. 리영희 교수같이 자신만의 체계적인 주장을 할 수 있는 학자가 되기 위해서는 여러 언어로 된 책을 자유롭게 읽고, 이를 비판적으로 정리할 줄 아는 능력이 있어야 한다고 생각했기 때문이다. 훌륭한 학자는 단지 즉흥적으로 떠오르는 생각을 말하는 사람이 아니라, 자신의 생각을 논리정연하게 근거를 가지고 주장하는 사람이라고 생각했다. 리영희 교수의 논문은 이후 나의 사유에 많은 영향을 끼쳤다. 모두가 정답이라고 생각하는 것에 의문을 품고, 새로운 주장을 펼 때는 확실한 자료에 근거해야 한다는 것을 알려줬다. 리영희 교수는 무엇보다도 전혀 다른 관점에서 비판적으로 생각하는 사유의 길을 안내해준 분이다.

리영희 교수의 《분단을 넘어서》를 읽으며 기억에 남는 이야기 하나가 있다. 사람들은 흔히 북한에서는 여행의 자유가 없다고 생각하고, 남한에서는 여행의 자유가 있다고 생각한다. 일면 사실이라고 느껴진다. 하지만 리영희 교수에 따르면 이것은 다만 형식적으로만 맞는 말이다. 남한 사람들은 일이 너무 많아서 주말에도 일을 해야 하는 경우가 있다. 이런 관점에서 남한 사회도 실질적으로 여행의 자유가 많다고 할 수 없다. 이처럼 우리가 묻지 않고, 당연하게 생각했던 내용들을 역으로 생각해보도록 하는 교수의 지적은 신선한 충격으로 다가왔다. 우리는 밖을 비판하는 데 익숙하지만, 때로는 우리 안을 들여다볼 필요가 있는 것이다.

실존은 본질에 앞선다!

프랑스의 철학자 장 폴 사르트르Jean Paul Sartre(1905~1980)는 "실존은 본질에 앞선다"고 했다. 본질은 실존이 존재하게 하는 원인으로, 변하지 않는 것이다. 반대로 실존은 우리가 선택함으로써 계속 변화하는 현실을 뜻한다. 인간의 운명은 섭리에 의해 정해져 있지 않다. 스스로 선택함으로써 자신의 길을 결정한다. 따라서 인간은 본질을 뛰어넘어 삶의 주체가 되어 실존에 집중해야 한다. 이것이 사르트르가 말한 실존주의다. 우리는 매순간 나의 선택으로 만들어진다. 우리는 고대나 중세 사람들처럼 자신에게 주어진 역할이 있다고 생각하는 시대에서 살고 있지 않다. 나와 나의 주변이 나의 선택에 의해서 어떻게 바뀔지 알 수 없는 길 한복판에 서 있다.

오늘도 우리는 매일 선택하며 살아간다. 식당에서 음식을 선택하는 일부터 진로를 결정하는 중요한 일까지, 매 순간 선택을 하면서 살아간다. 나의 선택은 무수히 많은 길들 가운데 하나다. 그것이 가져올 긍정적이거나 부정적인 결과 모두 내 몫이다. 선택이 줄 부정적인 결과를 두려워 말자. 부정적인 결과가 없으면 우리는 앞으로 한 발짝도 나아갈 수 없기에, 우리는 매 순간 과감한 선택을 해야 한다. 인간은 선택을 통해 실수하기도 한다. 그러나 잘 생각해보면, 선택하는 인간만이 실수할 수 있다. 이런 의미에서 우리는 선택하기에 비로소 인간으로 존재한다. 선택의 기준에 절대적인 것은 없다. 우리는 살면서 스스로 이 기준을 만들어가고, 그 기준이 틀리다고 생각되면 얼마든지 바꿀 수 있다. 우리는 매순간 선택 가운데 실수하면서 살아간다.

판단과 선택의 순간들

　판단과 선택의 순간에서 사람들은 하나를 선택해야 한다. 넬슨 만델라는 변호사의 길을 가다가 억압받는 백성들의 편에 서서 자신의 길을 갔다. 헨리 데이비드 소로우는 자신이 낸 세금으로 전쟁을 하는 미국 정부를 비판하면서, 미국 독립 기념일에 숲으로 가 '독립'을 선언했다. 그의 행동은 멀리 인도의 간디에게 영향을 주었고, 간디의 행동은 전 세계인에게 큰 영향을 주었다. 그의 행동은 또한 한국의 법정 스님에게 영향을 미쳤고, 스님이 아무것도 소유하지 않는 무소유의 정신으로 평생을 살도록 하는 이정표가 됐다. 인생은 탄생과 죽음 사이의 선택의 연속이다. 이 무수히 많은 선택의 갈림길에서 나는 어떤 선택을 해야 할까?

　소로우, 만델라, 간디 등은 자신이 좋아하는 것을 선택했다. 그리고 자신의 직업이 추구하는 바의 본질, 즉 약자를 변호하고 도와야 한다는 정신에 맞는 선택을 했다. 자기 자신에게뿐만 아니라 사회에 필요한 '최선의 것'을 선택했다. 그 과정에서 때로는 어려움이 많았다. 모두가 그렇게 살고 있는 것은 아니기 때문이다. 많은 사람들이 자신이 누구인지, 자신이 하고 싶은 일이 무엇인지, 혹은 노동의 본질이 무엇인지 묻지 않고 단지 얼마만큼의 수입을 얻을 수 있을지만 생각하며 살아가기에, 때로 신념을 지키며 살아가기 힘들고 어렵다.

　만약 누군가 나에게 가장 중요한 가치를 세 가지를 선택하라고 묻는다면 아마 다음과 같이 대답할 것이다. 첫 번째는 '나'이다. 무엇보다 내가 없으면 이 세상 모든 것이 아무런 의미가 없기 때문이다. 내가 건강하고,

내가 무언가 할 수 있어야 가족과 타인을 도울 수 있기 때문이다. 두 번째는 가족과 주변의 관계다. 나의 강의를 듣는 학생들을 비롯해 주변 사람들 모두가 건강하고 힘차게 살길 바란다. 마지막으로 내가 사는 이유가 뭘까? 내가 가장 즐거워하는 일이 무엇인지 생각해보니 '배우는 일'인 듯하다. 일찍이 아리스토텔레스는 모든 사람은 앎을 추구한다고 했다. 그리고 앎을 추구하는 데서 오는 즐거움에 대해서 말했다. 공자 또한 배우고 익히는 것을 즐거워했다. 나에게도 지금까지 몰랐던 것을 새롭게 배우고 한 번도 보지 못했던 것을 보는 즐거움이야말로 어떤 즐거움 중에서도 가장 큰 즐거움이다.

정리해보면, 여러 선택과 판단의 순간에서 흔들리지 않아야 할 기준은 다음과 같다. '남을 위한 삶, 진정 자신이 하고 싶은 일, 새로운 시각을 얻는 데서 오는 배움의 즐거움'이 그것이다. 이렇게 정리하고 나니 어쩌면 뻔한 이야기가 되어버린 감이 없지 않다. 그러나 나는 이러한 판단과 선택의 기준만큼 견고한 기준은 없다고 본다. 우선 자신을 잘 조절하고, 건강을 유지하며 나를 사랑하는 일에 힘쓰고, 자신이 좋아하는 일을 하며 행복하게 살길 바란다. 새로운 일을 배우는 데 두려워할 필요도 없다. 하지만 이 세상은 나 혼자 사는 세상이 아니다. 내가 좋아하는 일을 하되, 타인에게 피해를 주지 않는지 늘 살피고, 타인에게 도움이 되는 일을 하면서 살 수 있는 가능성을 염두에 두면서 선택하면 좋을 것이다. 지나치게 나의 이익에 치우쳐 선택을 하면 남에게 피해를 주게 되고, 이기적으로 판단했다는 생각에 양심의 가책을 받을 수도 있다. 또 타인을 위해 희생했다고 생각했는데 그들이 나의 마음을 알아주지 않아서 힘들수도 있다. 나의 이익과 타인의 이익 모두를 충족하기 위해 어떻게 할 것인지 고민이 필요하다.

함께 읽으면 좋을 책들 ●

《난장이가 쏘아올린 작은 공》, 조세희 지음, 이성과힘, 2000.
12편의 단편 소설을 묶은 연작 소설이다. 억압된 노동자 계급의 소외 문제와 극심한 빈부 격차를 섬세하고 현실적으로 그려, 당시 70년대의 사회적 갈등을 탁월하게 보여준다. 40년 전의 소설이지만, 소설 속의 시대는 현재의 시대와 별반 달라보이지 않는다. 경제가 발전했지만 양극화는 더욱 심해지고 삶의 무게가 더해가는 현재까지 이 책은 '어떻게 사람답게 살아야 할 것인가' 하는 묵직한 질문을 던질 것이다.

《전태일 평전》, 조영래 지음, 아름다운전태일(전태일기념사업회), 2009.
노동자의 권리를 찾기 위해 온 몸에 석유를 뿌리고 평화시장 한복판에서 분신자살한 젊은 노동자 전태일의 생애를 담은 책이다. 전태일은 자신이 지금껏 바보처럼 일해왔다는 사실을 깨닫고 노동운동을 결심한다. 주변의 반대에도 불구하고 '바보회'를 결성하여 '똑똑한 인간', 혹은 '약은 인간'이 되기를 거부하고 인간다운 대접을 요구하며 싸운다. 그의 선택과 결단은 한국사회에 새로운 변화를 불러일으켰다.

방황

방황하는 삶이 아름다워

부끄러운 기억

어린 시절 나에게는 여자 친구가 있었다. 몹시 가난하고 성격이 괴팍해서 조금 이상해 보이는 아이였다. 하지만 분명히 기억한다. 그 아이와 나는 서로 잘 맞았고, 함께 있으면 무척 즐거웠던 것을. 나는 그 아이의 이상한 점이 오히려 좋았다. 행동이 괄괄하고 상스런 욕도 곧잘 했지만, 마음은 여리디 여린 친구였다. 불행하게도 우리는 오래 친구로 남을 수 없었다. 나 때문이기도 했고 다른 친구들 때문이기도 했다.

내 친구들은 그 아이를 별로 좋아하지 않았다. 겉으로 드러나는 말이나 행동만 보고 함께 할 수 없는 사람이라고 여겼던 것이다. 그 아이와 함께 있노라면 친구들은 나까지 이상한 눈으로 쳐다봤다. 심지어 그 아이에게 화를 내며 나와 어울리지 말라고 시비를 걸기도 했다. 그러니 내가 그 아이와 헤어진 것은 친구들 때문이었다. 다른 친구들이 용납하지 않아서 우리는 함께 친구로 남을 수 없었던 거다. 하지만 다른 한편으로는 나의 탓이기도 했다. 친구들과 달리 나는 그 아이의 마음이 아주 여리고 착하다는 것을 알고 있었다. 그럼에도 나는 그 아이의 편에 설 수 없었다.

우리가 함께 어울려 지낸 기간은 아주 짧았다. 기껏해야 한 서너 달쯤이었다. 그런데 나는 지금까지도 종종 그 아이 생각을 한다. 그럼 나 자신에 대한 의문이 꼬리에 꼬리를 물고 계속 이어진다. 한때는 나의 친구였던 그 아이는 지금 어디서 무엇을 하고 있을까? 왜 나는 그 아이를 위해 용기를 내지 못했을까? 혹시 지금 그와 비슷한 상황에 빠지게 되면 나는 용기를 낼 수 있을까? 아직도 나는 이런 의문들을 풀지 못했다. 대신 나는 사람들이 왜 이런저런 고민을 하며 사는지, 생각은 왜 하며 사는지, 생각하는 삶이 우리에게 어떤 의미가 있는지 알게 됐다. 그건 블레즈 파스칼이라는 프랑스 철학자를 통해서였다.

파스칼은 어릴 때부터 수학에 천재적인 재능을 보였다. 하지만 파스칼은 나이가 들수록 철학과 신학에 몰두하게 된다. 파스칼은 자신이 누구인지, 어떤 삶을 살아야 하는지 등 여러 철학적인 의문들을 해결하려 애썼다. 파스칼은 《팡세》라는 책에서 '인간은 생각하는 갈대'라는 유명한 말을 남겼다. 파스칼에 따르면 인간은 삶의 근본적인 의문들을 확실하게 풀 수 없다. 그 때문에 인간의 마음은 상황에 따라 변하기 쉬운 갈대와 같다. 하지만 생각하는 갈대로서 자신의 한계를 끊임없이 넘어설 수 있다. 파스칼에 따르면 갈대처럼 약하지만 생각을 통해 자신의 한계를 깨닫고 극복해나갈 수 있는 것은 전 우주에 인간밖에 없다. 생각할 수 있는 능력이 갈대처럼 약한 인간을 위대하게 만들어준다는 것이다. 파스칼의 생각을 조금 더 자세히 살펴보겠다.

우리는 왜 생각하며 살까?

과연 인간은 생각하는 동물이다. 그런데 인간은 대체 왜 생각하며 살까? 가장 기본적이고도 중요한 이유는 인간이 생각할 수 있기 때문이다. 대답이 조금 싱겁게 느껴질 수도 있다. 하지만 이것이 대답이다. 인간이 아닌 동물들은 아예 생각할 수 없거나 아주 제한된 정도로만 생각할 수 있다. 그 때문에 동물들은 대개 생각 없이 살아가거나 아주 제한된 정도로만 생각하며 살아간다.

사람이 생각하며 살아가는 또 다른 이유는 무지와 불확실성이다. 모든 것을 다 알고 또 매사에 확실하면 생각할 이유가 없다. 하지만 사람은 모든 것을 다 알 수도 없고 매사에 확실할 수도 없다. 그러니 생각은 사람의 숙명인 셈이다. 원하든 원하지 않든 우리는 생각하며 살지 않을 수 없다.

그렇다면 사람이 무지한 이유는 무엇일까? 왜 사람은 불확실성을 안고 살아가야 할까? 가장 간단한 대답은 '세상에 대해 모르는 것이 많아서'다. 그렇다면 우리는 세상에 대한 앎을 어떻게 늘릴 수 있을까? 세상에 대해 잘 알면 알수록 우리의 불확실성은 점점 더 작아질까?

세상에 대한 앎은 열심히 공부를 하거나 견문을 넓히면 늘어난다. 하지만 세상에 대해 잘 알게 되었다고 해서 우리의 불확실성이 작아진다는 보장은 없다. 한편 우리는 세상에 속한 사람으로 세상을 살아간다. 남들과 똑같은 교육을 받고, 남들과 똑같은 일을 하며, 남들과 똑같은 지식, 남들과 똑같은 사고방식을 지니게 되는 것이다. 세상에 얼마나 직업이 많고 사람마다 개성이 다른데 이런 말을 하냐고 물을 수도 있다. 하지만 어떤 직업이든 다수의 종사자들이 있기 마련이고, 모든 직업은 사회적 필요를 충족시키기 위해 생겨난다. 또한 사람마다 개성이 다른 것은 사실이지만 남들과 아주 다르게만 사고하며 살아가는 사람은 없다. 실은 거의 모두라고 해도 될 만큼 많은 사람들이 사회적으로 유형화된 사고만 하며 살아간다. 대부분 학교에서 배운 지식을 믿으며, 설령 반항적인 사람들이 있어도 그들 역시 이런저런 사상가나 작가들이 알려주는 대로 생각하고 행동할 뿐이다. 우리가 자기만의 고유한 사고방식과 가치관이라고 생각하는 것도 실은 내 머릿속에 들어온 남들의 생각이 발전된 경우가 대부분이다.

그럼에도 우리는 늘 자기 자신을 고유한 존재로 여긴다. 실제로는 남들처럼 생각하고 느끼며, 또 남들과 똑같은 일을 하면서 살아가는데도 우리는 자신을 고유한 존재로 여기기를 그칠 수가 없다. 아마 인간이 생각하며 살아가는 가장 중요한 이유가 바로 여기 있을 것이다.

　우리는 자신에게 맞는 고유한 삶을 살아야 하고, 자신의 삶을 스스로 책임져야 한다. 자신을 고유한 존재로 여기는 한 우리는 자신의 삶을 다른 사람에게 온전히 떠맡길 수 없다. 그러니 우리는 생각해야만 한다. 삶에 스스로 책임지려면 무엇이 자신의 삶에 좋을지 알아내야 한다. 그런데 우리는 살면서 미지의 가능성과 끝없이 부딪친다.

고유한 삶의 의미는 무엇일까?

　고유한 삶이란 대체 무엇을 뜻할까? 우리가 자신을 늘 고유한 존재자로 여기며 살아가는 근본적인 이유는 무엇일까? 가장 단순하고도 근본적인 이유는 삶이란 원래 개별적인 것으로서만 가능하다는 데서 찾을 수 있다. 삶 일반이란 추상적인 개념일 뿐이다. 제각각 살아 있는 개체들이 있을 뿐, 어떤 보편적인 삶 같은 것은 있지 않다. 하지만 우리가 한 개인으로 살고 있음은 고유한 삶의 필요조건일 뿐 충분조건은 아니다.

　예컨대 세상에는 무수히 많은 바이러스가 있고, 바이러스 역시 각각의 개체로 살아간다. 그렇다고 바이러스가 고유한 삶을 살아간다고 말하기는 어렵다. 바이러스는 맹목적으로 자기증식을 한다. 상황이 생존에 유리하면 살아남지만 생존에 불리하면 죽을 뿐이다. 물론 사람 역시 상황이 유리해야 생존하기 쉽다. 하지만 사람은 불리한 상황에서도 살아남기 위해 이런저런 생각을 할 수 있다. 계획을 세우고 실천에 옮기기도 한다. 사람과 달리 바이러스는 상황을 이해할 능력도 없고, 계획을 세울 능력도 없다.

그렇다면 호랑이나 늑대 같은 동물은 어떨까? 전통적으로 서양의 사상가들은 동물이 기계에 불과하다고 생각했다. 생각할 능력이 없기 때문에 동물은 인과율의 법칙에 의해 정해진 대로 움직일 뿐이라는 것이다. 언뜻 이런 생각은 터무니없게 들리기 쉽다. 동물 역시 사냥을 하려고, 혹은 반대로 사나운 짐승의 습격으로부터 자신을 보호하려고 꾀를 내는 경우도 많기 때문이다. 생각할 수 있는 능력이 아주 없다면 꾀를 낼 수도 없지 않을까?

하지만 문제가 그리 간단한 것은 아니다. 사냥을 하거나 자신을 보호하기 위해 꾀를 내는 것은 생존을 위한 본능 때문에 일어나는 일이다. 동물 역시 상황을 이해하거나 이런저런 선택을 할 능력을 지니고 있지만, 동물의 생각이나 행동은 본능을 원인으로 삼아 일어나는 결과에 불과하다. 그렇다면 동물은 개별자로서 존재하기는 하지만 본질적으로 무차별적이라 할 수 있다. 본능에 따른 생각과 행동만 할 수 있기에 다른 개체와 구분될 수 있는 고유함을 전혀 지니고 있지 않다는 것이다.

동물과 달리 사람의 생각과 행동은 본능만을 원인으로 삼아 일어나지 않는다. 예컨대 인간은 배가 고파도 남의 음식에 함부로 손을 대지 않는다. 남의 것을 훔치거나 빼앗는 것은 도덕적으로 옳지 못한 일이라 여기고 스스로 욕망을 억제하는 것이다. 또한 인간은 먹고 살려는 목적으로만 일하지 않는다. 자칫 가난해져서 먹고 살기가 굉장히 힘들어질 수 있다는 것을 알면서도 시인이나 예술가의 길을 걷는 사람들이 대표적인 사례다. 심지어 박애의 정신을 실천하기 위해 일부러 사지에 뛰어드는 사람들도 있다. 그런 사람들은 동물적인 본능에 역행하는 삶을 살고 있다고 볼 수 있다.

그렇다면 동물은 정말 기계에 불과할까? 나는 그렇다고 생각하지는 않는다. 동물을 기계라고 여기게 만든 서양의 전통적인 관점은 '본능에 역행해 생각할 능력'을 동물과 인간을 나눌 기준으로 삼고 있다. 동물은 '본능에 역행해 생각할 능력'이 없기에 기계에 불과하지만 인간은 이러한 능력이 있기 때문에 자유로운 주체라는 식이다. 하지만 이런 식의 논증은 심각한 결함을 하나 지닌다. 옳고 그름을 분간할 수 있으면서도 올바르지 못한 행동을 하는 사람이 결코 적지 않기 때문이다. 그러니 생각하는 능력 자체는 동물적 본능에 역행하게 할 충분한 근거가 되지 못한다. 결국 동물적 본능에 역행할 우리의 능력은 자존감이나 수치심, 분노 등과 같은 감정의 계기를 전제로 할 수밖에 없다. 예컨대 배가 고파서 남의 음식을 훔치는 일을 부끄럽다고 여기지 않으면 왜 남의 음식을 몰래 훔치는 것이 잘못된 일인지 판단할 수 없고, 설령 판단할 수 있다손 쳐도 그냥 훔치고 말 것이다.

그런데 동물 역시 자존감이나 수치심, 분노 등과 같은 감정을 느낀다. 예컨대 늑대는 무리에게 손해가 나는 행동을 하면 무리로부터 쫓겨날까 봐 스스로 조심한다. 늑대 역시 무리에게 손해가 나는 행동을 하는 구성원에게 분노의 감정을 품거나 그러한 행동을 부끄러운 행동으로 여길 능력을 지니고 있다는 의미다. 그러니 동물 역시 동물적 본능에 역행할 조건을 갖추고 있는 셈이다. 동물 역시 미약하게나마 나름대로 생각할 수 있고, 다양한 감정도 지니고 있기 때문이다.

게다가 동물도 생존 본능에 역행하는 행동을 하기도 한다. 예컨대 개는 위험에 처한 주인을 살리기 위해 목숨을 걸기도 한다. 배우자나 단짝을 지키기 위해 죽을 것을 알면서도 맹수에 맞서는 야생 동물도 있다. 아마 동물은 기계에 불과하다고 생각하는 사람들은 동물이 배우자나 단짝을 지키기 위해 목숨을 거는 것도 본능적 행동에 지나지 않는다고 여길 것이다. 선택의 여지없이 그냥 충동적으로 하는 행동이라는 것이다. 하지만 이런 주장 역시 온당치 못하기는 마찬가지다. 배우자를 지키기 위해 망설이지 않고 과감하게 행동하는 사람이 훌륭할까, 아니면 위험 앞에서 몸을 사리며 망설이는 사람이 훌륭할까? 당연히 전자가 후자보다 훨씬 더 훌륭하다. 전자는 선택의 여지없이 그냥 행동하는 사람이다. 그의 사랑이 순수하고 크기 때문이다. 반면 후자는 선택할 수 있는 사람이다. 그가 선택의 자유를 지니게 된 것은 비겁 때문이거나 불순하고 작은 사랑 때문이다. 전자는 특별히 고민하거나 생각할 이유도 없었다. 그의 큰 사랑이 그로 하여금 충동적으로 결단하게 했기 때문이다. 반면 후자는 고민하고 생각할 이유가 있었다. 비겁하거나 사랑이 작아서 망설일 수밖에 없었던 것이다.

사실 우리가 동물적인 본능에 역행하게 하는 가장 근본적인 힘은 생각할 능력이 아니라 사랑으로부터 나온다. 정의를 위한 사랑이든 애인이

나 친구를 위한 사랑이든, 아무튼 사랑의 힘이 우리 안에 충만하지 않으면 우리는 동물적인 본능에 역행하는 행동을 하기 어렵다.

나는 동물적인 본능에 역행할 능력은 생각할 능력, 수치심이나 분노 같은 감정, 그리고 사랑이 하나로 어우러질 때 비로소 완전해진다고 믿는다. 사랑이 아니라면 비겁한 생각과 행동이 왜 수치스러운 일인지 알 수 없고, 수치를 모르면 아무리 생각을 잘해도 결국 동물적인 본능이 시키는 대로만 행동하게 된다.

아마 생텍쥐페리의 《어린 왕자》가 이러한 사실을 가장 잘 드러낸 작품일 것이다. 어느 날 사막 여우가 어린 왕자에게 와서 자신을 길들이라고 요청한다. 처음에 어린 왕자는 그 부탁을 거절한다. 세상의 모든 것을 알고 싶은데, 그러려면 한군데 오래 머물 시간이 없다는 것이다. 그러자 사막여우는 어린 왕자에게 "너는 오직 네가 길들인 것만을 이해할 수 있다"고 말한다. 사막여우의 말이 옳다고 여긴 어린 왕자는 사막여우를 길들이기로 결심한다. 서로 간에 가로놓여 있는 소원한 거리를 조금씩 좁히면서 어린 왕자와 사막여우는 서로를 길들이고 서로에 의해 길들여진다. 한 마디로 서로 친구로서 사랑하는 사이가 된 것이다. 그러고 나자 둘은 서로에게 특별해지고 고유해진다.

서로 길들이기 전, 둘은 서로에게 아무 것도 아니었다. 사막여우는 어린 왕자에게 많은 여우들 가운데 하나에 지나지 않았고, 어린 왕자는 사막여우에게 많은 아이들 가운데 하나에 지나지 않았다. 하지만 서로 사랑하는 사이가 되자 둘은 서로에게 세상에서 단 하나밖에 없는 유일

무이한 존재가 되었다. 사랑의 마음으로 서로에게 정성을 기울일 수 있음이 둘을 고유한 존재로 만든 것이다.

헤어질 때 사막여우와 어린 왕자는 무척 마음 아파한다. 그들의 아픔은 그들이 서로를 배려하는 마음, 서로를 위해 기꺼이 헌신하려는 마음을 지니게 되었음을 드러낸다. 사랑으로 인해 그들은 동물적인 생존 본능에 역행해서 생각하고 행동할 가능성을 지니게 됐다. 결국 고유함을 가능하게 하는 것은 바로 사랑이다. 사랑하면 고유해지고, 고유해지면 자신의 삶과 존재를 사랑하는 관계 속에서 헤아리는 법을 배우게 된다.

사랑하면 뭐가 달라지지?

사랑하면 우리에게 무슨 변화가 일어날까? 사랑을 아는 사람과 사랑을 모르는 사람의 삶은 어떻게 다를까? 가장 중요한 대답은 이미 앞에서 살펴봤다. 사랑하면 우리는 고유해진다. 사랑을 아는 사람은 이미 고유해진 사람이고, 사랑을 모르는 사람은 아직 고유해지지 못한 사람이다. 물론 누구나 고유한 자신을 의식하며 살아가기 마련이다. 하지만 의식한다고 실제로 고유한 것은 아니다. 자기 안의 사랑이 적을수록 우리는 더욱 고유하지 못하고, 자기 안의 사랑이 많을수록 더욱 고유해진다.

그런데 고유함이란 자기 힘으로만 생기는 법이 없다. 사람들은 흔히 '나만의 고유한 개성'을 강조한다. 하지만 사랑이 아예 없는 사람은 철저하게 무차별적이고, 동물적인 본능에 역행할 가능성을 조금도 지니고 있

지 못하다. 즉, 참된 의미의 고유함은 응당 사랑을 아는 마음을 전제로
할 수밖에 없다는 것이다. 그런데 사랑하는 사람은 자기의 고유함이 아
니라 사랑의 대상의 고유함을 먼저 발견한다. 우리는 오직 고유한 것만
을 사랑할 수 있고, 사랑하는 마음은 자신이 아니라 사랑의 대상을 향
해 있기 마련이기 때문이다.

무언가 사랑해서 그 고유함을 발견하고 나면 우리의 생각 역시 달라
진다. 자신이 어느 회사에 취직했다고 생각해보자. 함께 입사한 동료들
이 여럿 있지만 아직 조금도 친하지 않다. 그런 경우 동료들은 나에게,
또 나는 동료들에게 회사에서 '일하는 사람'일 뿐이다. 즉, 서로가 서로를
'돈 벌기 위해 일하기'라는 실용적 목적을 위한 수단으로만 생각하는 것
이다. 하지만 시간이 지나면서 동료애가 생기면 더 이상 서로를 일을 위
한 수단으로만 생각하지 않게 된다. 서로는 서로에게 고유해졌고, 고유한
사람은 누구나 단순한 수단이 아니라 자체 목적으로 존재한다.

누군가 사랑한다는 것은 그의 삶을 수단으로 여기지 않고 자체 목적
으로 여긴다는 것을 뜻한다. 정말로 순수하게 사랑한다면 나는 그를 이
용해 이익을 취하려 하지 않고 오직 그를 행복하게 할 생각에만 사로잡
힌다. 그는 나로 인해 행복해져야 할 사람이다. 나로 인해 그가 불행해지
는 것은 내가 바라는 일이 아니다. 그렇지 않다면 나는 그를 사랑하지 않
는 셈이다. 언뜻 사랑은 나 자신을 타인의 삶을 위한 수단으로 전락시키
는 것처럼 보인다. 누군가 사랑하면 우리는 그를 위해 헌신하게 되기 때
문이다. 한 마디로 사랑 때문에 자유를 잃고 타인에게 얽매인다. 하지만

이런 식의 생각은 자유에 대한 그릇된 관념으로부터 비롯된다. 자유가 무엇인지 오인함으로써 사랑과 자유가 양립할 수 없다는 잘못된 결론을 내리는 것이다.

사랑이 나 자신을 타인의 삶을 위한 수단으로 전락시킨다는 생각은 내가 자신을 위한 삶을 살아야 한다는 생각을 전제한다. 그런데 어떤 삶이 나 자신을 위한 삶일까? 사랑을 모르는 사람에게 자신을 위한 삶이란 결국 동물적인 본능에 얽매인 것일 수밖에 없다. 그가 하는 모든 생각과 행동이 동물적인 본능과 충동을 원인으로 삼아 일어나는 결과에 지나지 않는다는 것이다. 그러니 그는 전혀 자유롭지 못한 사람이고, 참으로 고유해질 가능성도 지닐 수 없다.

사랑하면 사랑의 대상을 위해 헌신하게 된다는 말은 결코 억지로 희생하게 된다는 뜻이 아니다. 사랑하면 우리는 사랑의 대상과 자기 안에서 각각 고유한 아름다움을 발견한다. 그런데 사랑이 순수해지면 순수해질수록, 사랑이 커지면 커질수록, 아름다움 역시 순수해지고 또 커진다. 사랑하는 사람에게 이보다 더 기쁘고 행복한 일은 없다. 이는 실용적 목적의 논리에서 벗어나서 자신의 삶을 자체 목적으로 헤아리게 되었기 때문에 가능한 일이다. 자체 목적인 삶은 끝없이 순수해져야 하고 또 아름다워져야 한다. 그것 외의 다른 방식으로는 삶이 자체 목적일 수 없다. 삶이 아름답고 긍정할 만한 것이 되는 것보다 더 삶을 위하는 일은 없다는 뜻이다.

결국 사랑은 우리의 생각이 삶과 존재의 고유함을 향하도록 한다. 그럼 우리는 결국 생각의 한계에 관해서도 생각하게 된다. 고유한 것이란 원래 있는 그대로 긍정될 수 있을 뿐 사념될 수 있는 것은 아니기 때문이다. 삶과 존재에 관해 생각할 때마다 우리는 그 고유함에 경탄하게 된다. 그저 일할 사람으로서 동료는 원래 돈벌이를 위한 수단에 지나지 않았다. 하지만 동료로서 사랑하는 마음이 생기고 나자 그의 존재 자체가 내게는 큰 힘이 된다. 나는 그의 고유함에 경탄하고 또 그는 나의 고유함에 경탄한다. 서로를 기꺼워하는 마음이란 서로의 고유함에 경탄하는 마음과 같은 것이다.

왜 우린 종종 삶에서 길을 잃고 방황할까?

살면서 우리는 종종 길을 잃고 방황한다. 방황에는 두 가지 종류가 있다. 하나는 목적을 향해 잘 나아갈 수 없기 때문에 하게 되는 방황이다. 성적을 올리려 열심히 공부하겠다고 마음먹었는데 공부가 잘 되지 않으면 우린 방황한다. 나는 왜 이 모양일까, 자기 비하의 심정에 사로잡히기도 하고, 공부를 아예 포기할까 고민하기도 한다. 또 다른 하나는 자신이 고유하지 못한 삶을 살고 있다는 각성 때문에 하게 되는 방황이다. 예컨대 매사에 최선을 다해서 꽤 큰 성공을 거둬도 자신이 스스로 원하는 삶을 살지 못한다고 느끼는 경우 우리는 방황한다.

사람들은 대체로 방황을 좋지 못한 일인 양 말한다. 왜 그럴까? 그건 대다수 사람들이 목적의 논리에 사로잡혀 있기 때문이다. 방황하면 목적을 이루는 데 방해가 되니 방황하지 말아야 한다는 식이다. 하지만 이는 목적의 논리에 사로잡혀 있는 사람의 논리다. 방황이 무조건 나쁘다고 생각하는 것도 꽤 위험한 생각이다. 삶은 자체 목적이어야 하는데, 방황을 무조건 나쁘게 보는 사람은 삶을 목적을 위한 수단으로 전락시키는 것이기 때문이다.

우선 목적을 향해 잘 나아갈 수 없기 때문에 하게 되는 방황에 관해 생각해보자. 만약 자신이 너무 약하고 우유부단해서 목적을 향해 나아가지 못하는 것이라면 우선 치열한 자기반성을 해야 한다. 약한 자는 비겁하기 쉽고, 비겁하면 본능에 얽매인 삶을 살 수밖에 없다. 그런데 본능에 얽매인 삶은 고유하지 못한 삶이니 긍정적이기 어렵다. 그러니 자신이 우유부단하고 약하다는 생각이 들면 강하고 관대한 정신의 소유자가 될 수 있게끔 자신을 잘 단련해야 한다. 하지만 혹시 자신의 자연적인 천성이나 가치관에 맞지 않는 목적을 추구하기 때문에 방황하는 경우라면 방황은 삶의 전환점이 될 수 있다. 자신에게 맞지 않는 목적을 추구하면서 방황조차 하지 않으면 결국 불행해지기 쉽다. 하지만 방황하면 전환점이 마련될 수 있다. 방황하는 시간이 몹시 힘겨울 수도 있지만 아무튼 그 시간을 잘 보내면 보다 긍정적이고 아름다운 삶을 살아가게 될 수도 있다는 것이다.

목적이 잘 성취되고 있어도 방황하는 사람은 자신의 고유함을 자각한 사람이다. 어떤 선택이 그를 위해 좋은지는 아무도 알 수 없다. 누가 알겠는가? 성공적인 삶을 버리고 새로운 삶을 선택했지만 결과가 좋지 못해 결국 불행해질 수도 있다. 그러니 결과론적으로만 보면 자신과 맞지 않는 삶이어도 지금까지의 삶에 계속 집착하는 것이 더 바람직하다고 말할 수도 있다. 하지만 적어도 한 가지는 분명하다. 자신의 고유함을 자각한 사람, 그리고 자신의 고유함에 충실한 삶을 살 결의를 품은 사람은 자신의 삶을 더 이상 목적을 위한 수단으로 여기지 않는다. 그는 자신의 삶을 자체 목적으로 삼은 사람이고, 그럼으로써 지금보다 더 고유해지고 아름다워질 가능성을 지닌 사람이다.

그의 정신이 크고 넓으면 어쩌면 그는 아무 목적도 추구하지 않고 방황하는 삶 자체를 긍정하게 될지도 모른다. 결국 아무 목적도 추구하지 않으면 방황하게 되고, 목적의 논리로부터 진정으로 벗어난 사람에게 방황이란 마치 소풍이라도 즐기듯 자유분방하게 여기저기 돌아다님과 같다. 아마 그는 살면서 마주치는 모든 것을 가치로 환원할 수 없는 고유한 것으로서 사랑하게 될 것이다. 시인이 되고, 예술가가 되고, 또 철학자가 되는 것이다. 참된 의미의 시인과 예술가와 철학자는 존재하는 모든 것을 고유한 것으로 발견하고 긍정하기를 힘쓰는 사람이니 말이다.

우린 때로 고독해져야 해!

세상의 불행은 왜 생겨날까? 파스칼에 따르면 우리가 고독의 참된 의미를 알지 못하기 때문이다. 방 안에 혼자 있으면 화려한 옷 따윈 우리에게 필요 없다. 그건 우리 자신을 남들의 눈으로 볼 필요가 없기 때문이다. 하지만 남들 앞에 모습을 드러낼 때면 남들이 우리를 어떻게 볼까, 염려하는 마음이 우리 안에서 생겨난다. 그 때문에 우리는 남들 앞에서 자신을 돋보이게 만들 값비싼 옷을 입고 싶은 욕망에 시달린다.

파스칼이 말하는 고독은 남들이 아닌 자신의 고유한 눈으로 삶을 바라볼 수 있는 우리의 가능성을 표현하는 말이다. 그렇다면 세상의 불행은 우리가 고독의 의미에 무지하기 때문에 생기는 셈이다. 자신을 남들의 눈으로 보기 때문에 걱정과 염려가 생기고, 부와 명예를 향한 과도한 욕망이 생기기 때문이다. 그럼 사람들은 서로 다툰다. 우리 안의 증오와 분노가 커져서 세상은 자꾸 불행해지는 것이다.

그렇다면 우리는 고독을 소중히 여기는 법을 배워야 한다. 남들의 눈이 아닌, 오직 자신의 고유한 눈으로만 자신을 바라보는 당당하고 멋진 사람이 되는 것이다. 그럼 우리는 자신과 이웃의 삶 모두를 기쁘고 행복한 것으로 변화시킬 수 있을 것이다. 그 누구도 질시하거나 멸시하는 일 없이 모두가 모두에게 친구가 될 것이다.

함께 읽으면 좋을 책들 ●━━━━━━━━━━━━━━━━━

《팡세》, 블레즈 파스칼 지음, 안응렬 옮김, 동서문화사, 2016.
1670년에 간행된 책으로, 프랑스 철학자 블레즈 파스칼의 유고집이다. '인간은 생각하는 갈대'라는 파스칼의 명언은 이중의 의미를 지닌다. 하나는 인간이란 약한 존재일 뿐 아니라 사유를 통해 확실한 지식을 얻을 수 없는 한계를 지니고 있다는 뜻이다. 다른 하나는 인간은 사유를 통해 자신의 한계를 자각하고 초극할 수 있는 존재라는 뜻이다. 파스칼의 관점에서 보면 인간은 신과 같이 강하고 현명하기 때문이 아니라 도리어 약하고 무지하지만 그 한계를 초극해나갈 수 있는 가능성을 지니고 있기 때문에 위대한 존재다.

《고독한 산책자의 몽상》, 장 자크 루소 지음, 김중현 옮김, 한길사, 2007.
프랑스 혁명의 아버지라 불리는 장 자크 루소는 고독의 철학자라 할 만하다. 악이란 인간의 사회화로 인해 생겨나는 것이라고 생각했던 루소는 고독 속에서 참된 인성의 발현을 가능하게 하는 근거를 발견했다. 자신을 오직 자신만의 고유한 눈으로 바라볼 뿐 남들의 눈으로 바라보지 않는 자는 욕심으로 흐려진 마음을 지니고 있지 않기에 근원적으로 선하고 아름답다는 것이 루소의 생각이었다. 이 책은 세상과 불화했던 루소가 고독에 대한 성찰을 통해 정신적 위기를 극복해나가는 과정을 잘 드러낸다.

생각의 이유

〈이방인〉의 추억

내가 좋아하는 시 중에 〈이방인〉이라는 작품이 있다. 〈이방인〉은 상징주의 시문학 운동의 출발점인 샤를르 보들레르Charles Baudelaire(1821~1867)의 작품이다. 이 시를 언제 처음 읽었는지는 기억이 나지 않는다. 고등학교 1학년 때 나는 한동안 보들레르의 작품들을 읽고 또 읽었다. 하지만 〈이방인〉은 분명 그보다 더 전에 읽었다. 아마 중학교 2학년이나 3학년 때 처음 읽었을 것이다.

〈이방인〉은 이방인이 다른 사람의 물음에 대답하는 식으로 진행되는 시다. 질문자는 이방인에게 그가 부모나 형제자매, 조국, 미녀, 금화를 사랑하는지 차례로 묻는다. 이방인의 대답은 늘 한결 같다. 여느 사람이라면 당연히 소중히 여길 그 모든 것들에 자신은 아무 관심도 없다고 주장한다. 질문자가 "휴우!"하고 한숨을 내쉬며 "정녕 기이한 이방인아! 그럼 넌 뭘 사랑하지?" 하고 묻자 이방인은 다음과 같이 대답한다.

"난 구름을 사랑해… 흘러가는 구름… 보려무나… 저 멋진 구름을!"

고등학생이던 나에게 〈이방인〉은 나 자신의 이야기 같았다. 그런데 이런 느낌을 받는 것이 별로 달갑지 않았다. 이방인의 주인공은 치열하게 살아가기보다 현실로부터 도피하는 사람처럼 보였다. 미녀나 금화에 무관심한 태도를 보이는 것은 충분히 이해할 수 있었다. 그러나 부모나 형제자매, 조국에 대해 무관심한 태도를 보이는 것은 이기적이고 무책임한 일이라는 생각이 들었다. 나는 이기적이고 무책임한 사람이 되기는 싫었다. 그러니 〈이방인〉에 매료된 자신을 용납하기 어려웠다.

지금 나는 〈이방인〉이 나의 이야기라는 것을 긍정한다. 그뿐 아니라 〈이방인〉이 모든 사람의 이야기가 되어야 한다고 생각한다. 이유는 간단하다. 삶은 자유로워야 하고, 우리는 우리 자신뿐 아니라 우리가 사랑하는 모든 사람들이 자유롭게 되기를 소망해야 한다. 그런데 이러한 소망은 모두에게 〈이방인〉의 정신을 허용하는 것과 다르지 않기 때문이다.

생각과 자유

자유란 아무 것에도 얽매이지 않고 떠다니는 구름처럼, 살 권리를 모두에게 허용하는 사람에게만 허락되는 것이라고 생각한다. 말이 조금 복잡한가? 다시 말하면 이런 뜻이다.

자기 혼자 자유롭게 되기를 꿈꾸기는 쉽다. 하지만 우리는 한 사회에서 다른 사람과 함께 어울리며 살기에 혼자 꿈꾼다고 자유가 이루어지지는 않는다. 누군가 가족이나 국가, 사상 등을 빌미로 서로에게 의무의 짐을 지우는 것이 당연하다고 여기면 우린 서로서로 간섭하게 될 테니 말이다. 물론 우린 누구나 수행해야 할 의무의 짐을 지고 있다. 가족이나 국가, 친구의 도움을 받으며 살아왔으니 그들을 위해 최선을 추구해야 할 의무감을 느끼는 것은 너무 당연한 일이다. 하지만 의무의 근거는 결국 사랑이다. 가족이나 국가, 친구를 향한 사랑이 우리로 하여금 의무감을 느끼게 한다는 것이다. 그런데 사랑은 사랑하는 모든 사람들이 되도록 자유롭게 되기를 바라는 마음과 다르지 않다. 그러니 사랑의 의무감이란 자유롭게 살아갈 권리를 서로가 서로에게 허용하는 것과 같은 셈이다.

돌이켜보면 나는 꽤 어린 시절부터 사랑과 자유의 관계에 관해 많은 고민을 해왔던 것 같다. 물론 어릴 때 이미 '사랑과 자유의 관계'라는 거창한 철학적 주제를 구체적으로 성찰했다는 뜻은 아니다. 때로는 사랑이나 우정에 관한, 때로는 자유에 관한 이런저런 혼란스러운 생각들이 소설이나 시를 읽으면 종종 머릿속에 떠올랐을 뿐이다. 사랑과 자유의 관계에 관해 나름대로 확고하게 생각을 정리하게 된 계기는 사르트르의 책을 통해서였다. 사르트르에 따르면 우리에게 자유란 절대적이다. 자유가 절대적이라는 뜻은, 우리는 자유롭지 않으려야 않을 수 없다는 뜻이다. 이 말은 정말 이상하다. 그렇지 않은가? 살면서 우리는 늘 이런저런 제약이나 구속을 경험한다. 아무리 간절하게 원해도 이루어지지 않는 일들도 많고, 반대로 아무리 피하려 해도 피할 수 없는 일들도 아주 많다. 그런데 자유롭지 않으려야 않을 수 없다니 이보다 더 터무니없는 주장이 또 있을까?

사르트르의 생각은 우리가 자신이나 그 밖의 모든 것을 의식하며 살아간다는 간단하고도 자명한 사실에서 출발한다. 자유의 반대는 무엇인가? 대부분의 사람들은 자유의 반대는 필연이나 운명 같은 것이라고 생각한다. 틀린 생각은 아니지만 그렇다고 맞는 생각도 아니다. 적어도 사르트르가 보기에는 그렇다. 예컨대 돌멩이는 물리적 사물로서 인과율의 지배를 받는다. 하지만 돌멩이가 자유롭지 않다고 말하는 것은 자칫 오해를 불러일으키기 쉽다. 사람은 때로 멍해져서 생각하지 않을 때가 있지만 돌멩이는 그럴 때가 없다. 돌멩이는 생각할 때나 생각하지 않을 때 없이 그저 있을 뿐이다. 마찬가지로 돌멩이는 자유로울 때나 자유롭지 않을 때 없이 그저 있을 뿐이다.

자유와 운명이 서로 반대라고 생각하는 까닭은 간단하다. 모든 것이 운명에 의해 미리 결정되어 있다면 자유란 환상에 지나지 않을 것이다. 그러니 우리에게 자유가 있으려면 운명에 의해 미리 결정되지 않는 것이 있어야 한다. 그런데 사람으로 산다는 것은 늘 생각하는 의식을 지니고

서 산다는 것과 다르지 않다. 이 말은, 사람으로 태어난 이상 누구나 싫건 좋건 생각하며 살아야 한다는 것을 뜻한다. 결국 생각하며 사는 것은 사람에게 운명과도 같다. 그러니 운명은 자유의 반대이기는커녕 실은 그 조건인 셈이다. 생각하며 살아야 우리에게 자유가 열리기 때문이다. 즉, 우리가 자유로운 까닭은 우리가 생각하며 살도록 운명 지어져 있기 때문이라는 뜻이다.

사르트르는 생각하는 의식을 구름처럼 자유롭게 흐르는 것이라고 여겼다. 우리의 생각하는 의식은 인과율의 지배를 받는 사물들의 세계 위에서 구름처럼 떠다닌다. 만약 우리의 생각하는 의식이 사물들과 같이 인과율의 지배를 받는다면 우린 결코 자유라는 말을 알지 못할 것이다. 자유란 얽매이지 않고 저 홀로 떠다닐 수 있는 것에게만 허용되는 말이니까.

생각의 부자유

의식이 하는 일이 무엇일까? 여러 가지 대답이 가능하겠지만 의식은 어떤 것을 느끼고 생각하는 것이다. 사르트르가 주목했던 것이 바로 이 점이었다. 생각이란 우리 자신이 하는 일이다. 돌멩이를 맨주먹으로 치면 몹시 아플 것이다. 그렇다고 돌멩이가 일부러 우리에게 저항을 한 것은 아니다. 그냥 돌멩이의 단단한 물리적 속성이 돌멩이를 맨주먹으로 치는 사람에게 큰 통증을 불러일으켰을 뿐이다. 하지만 생각은 늘 우리 자신이 한다. 즉, 생각하는 한 우리는 늘 자유로운 주체라는 뜻이다. 사르트르가 남긴 명언 가운데 '우리는 자유롭게 있도록 저주받았다'는 말이 있다. 이 말의 가장 기본적인 의미가 바로 여기에 있다. 생각하는 의식은 늘 자유롭게 행위하는 주체로서 있는 것이기에 의식을 지닌 우리는 자유롭지 않으려야 않을 수 없다는 것이다.

아마 이런 말을 들으면 대뜸 마음속으로 '난 맨몸으로 하늘을 날 수 없는데, 대체 뭐가 자유롭다는 거지?' 하고 생각하는 사람도 있을 것이다. 물론 그렇다. 우리의 몸은 물리적 사물들과 마찬가지로 이런저런 법칙들의 지배를 받고 있기 때문에 날개 없이 하늘을 날 수 없다. 하지만 우리는 단순히 체념하는 대신 하늘을 나는 꿈을 꿀 수 있고, 그 꿈을 현실로 만들기 위해 고민도 할 수 있다. 그건 우리의 의식이 늘 자유롭게 행위하기 때문에 가능한 일이다.

생각하는 우리의 의식이 본래 자유로운 것이라는 사실을 알리는 중요한 근거 중 하나가 바로 규범이다. 규범이란 무엇인가? 사전을 찾아보니 규범이란 '인간이 행동하거나 판단할 때에 마땅히 따르고 지켜야 할 가치 판단의 기준'이라고 정의되어 있다. 이러한 정의의 전제는 '무언가 개개인의 삶보다 우위에 있는 어떤 가치가 있다'는 생각이다. 예컨대 효심이나 애국심이 지극한 사람이라면 '사람은 마땅히 부모에게 효도해야 한다'거나 '누구나 조국의 영광과 발전을 위해 헌신해야 한다'는 식으로 생각할 것이다. 그런 사람에게 효와 애국은 개개인의 삶보다 우위에 있는 가치다. 그는 효심이나 애국심이 부족한 사람에게 분노하기 쉽다. 효나 애국 같은 가치보다 자신의 개인적 삶을 더 중요하게 여긴다는 점에 대한 분노일 것이다.

규범이란 언제나 생각의 부자유다. '마땅히 이러저러해야 한다'는 식의 생각이 머릿속에 많을수록 할 수 있는 생각과 행위의 폭이 좁아지기 마련이다. 그런데 이렇게 말하고 나니 의식이란 결국 자유롭지 못한 것이라는 생각이 들기도 한다. 사람은 대개 이런저런 규범의식을 지니기 마련이니 말이다. 규범은 생각의 부자유이고, 의식이 주로 하는 것은 생각하는 일이니, 규범의식을 지닌 모든 사람들은 자유롭지 못하다는 결론이 따라 나온다. 그리고 이러한 결론은 생각하기에 따라서 맞기도 하고 틀리기도 하다.

이러한 생각이 맞는 이유는 규범이란 실제로 사람들의 부자유를 전제로 해서만 작동할 수 있다는 점에서 찾을 수 있다. '살인하지 말라'는 규범이 있는데 사람들이 이 규범에 얽매어 있지 않고 자기 뜻대로 행동한다면 살인사건이 끊이지 않고 일어날 것이다. 누가 알겠는가? 어쩌면 세상 사람들의 절반 이상이 살인자가 될지도 모른다. 누구나 살면서 한 번쯤은 남들 때문에 격분한다. '살인하지 말라'는 규범에 얽매어 있지 않은 사람은 남들 때문에 격분할 때 실제로 살인하기 쉽다. 규범을 모르니 죽이고 싶을 때 왜 죽이지 말아야 하는지 판단할 수 없게 된다.

그런데 이렇게 생각할 수도 있다. 규범이란 결국 '마땅히 이러저러한 행위를 해야 한다'거나 반대로 '마땅히 이러저러한 행위를 하지 말아야 한다'는 명령의 형태를 띤다. 그런데 명령이란 명령을 받은 사람이 지키지 않을 수도 있다는 것을 전제로 한다. 그렇지 않으면 규범을 지키지 않은 자에게 내릴 비난이나 벌이 생겨날 이유도 없다. 그러니 규범이란, 그리고 규범에 의해 야기되는 생각의 부자유란 결국 우리의 자유를 전제로 하는 셈이다.

생각하는 의식이 원래 자유롭지 않으면 굳이 규범적 명령을 통해 생각의 자유를 제약할 이유가 없다. 그뿐인가? 규범에 의해 생각의 부자유가 생기더라도 우리에게 규범에 얽매이지 않고 생각할 자유가 아주 사라지는 것은 아니다. 우리는 언제나 이유를 물을 수도 있고, 심지어 규범을 지키지 않고 제멋대로 행동할 자신의 자유를 의식하지 않을 수도 없다. 그러니 규범이라는 이름의 생각의 부자유는 오직 생각의 자유를 전제로 해서만 성립할 수 있는 셈이다.

사르트르에게 생각의 부자유는 생각의 자유의 부정적 표현에 지나지 않다. 앞서 말했던 것을 기억해보라. 돌멩이는 그냥 있을 뿐, 생각하며 있는 것도 생각하지 않으며 있는 것도 아니다. 오직 스스로 생각할 수 있는 것만이 생각하지 않을 수도 있다. 마찬가지로 오직 스스로 자유롭고 또 자유로울 수 있는 것만이 자유롭지 않을 수도 있다. 우리의 생각하는 의식이 본래 자유로운 것이 아니라면 그것은 자유롭지 않을 수도 없다.

그러니 우리는 원래 늘 자유롭다. 우리가 느끼는 우리 자신의 부자유는 그 자체로 우리가 원래 자유롭다는 표지다.

'생각의 부자유'의 이유

원래 자유로운 우리는 대체 왜 자유롭지 못하게 되는 것일까? 이러한 질문에 대해서는 여러 가지 대답이 가능하다.

우선 우리에게 몸이 있고, 몸은 일종의 사물로서 물리적 법칙들의 지배를 받는다는 점을 들 수 있다. 하늘을 날고 싶어도 날개가 없어 못 날고, 고통을 느끼고 싶지 않아도 일정한 조건이 갖춰지면 우리는 고통을 느끼지 않을 수 없다. 물리적 한계 때문에 생기는 부자유는 올바른 생각의 가능성을 제약한다. 뭐, 별로 어려운 말은 아니다. 하늘을 날지 못하는 것이 분명한데도 높은 빌딩에서 새처럼 하늘로 도약한다면 죽음에 이를 뿐이다. 그러니 살고 싶으면 이처럼 현실과 맞지 않는 생각은 하지 말아야 한다.

우리는 현실과 맞는 생각을 해야 하고, 스스로 생각의 가능성을 잘 제약하지 않으면 결국 자신을 보존할 수 없다. 하지만 이 경우도 마찬가지다. 물리적 한계 때문에 생겨나는 부자유가 올바른 생각의 가능성을 제약한다고 해서 우리의 생각이 자유롭지 못하다는 결론이 따라 나오는 것은 아니다. 오목이나 바둑, 장기를 두는 경우를 생각해보자. 게임에서 이기려면 게임의 규칙을 잘 이해하고 어떻게 하면 불리한 상황에 빠지지 않을지 잘 생각해야 한다. 즉 규칙과 경우의 수의 제약 속에서 생각하고 판단하는 법을 배우지 않으면 우리는 결코 게임에서 이길 수 없다. 하지만 게임에 참여하는 우리가 그저 자유롭지 못하기만 한 것은 아니다. 도리어 그 반대다. 규칙과 경우의 수의 제약 속에서 생각하는 법을 배우지 못하면 결코 이길 수 없다. 그리고 모든 게임에서 지기만 하는 사람은 전혀 자유롭지 못하다. 그러니 우리는 실은 규칙과 경우의 수의 제약 속에서 생각하는 법을 배우면서 실은 이길 수 있는 자유를 얻게 된다. 물리적 한계 역시 이와 같다. 오직 자신에게 가해지는 물리적 한계를 잘 이해하려 노력하고 또 그 한계 내에서 생각하고 판단하는 사람만이 자유로울 수 있다. 그는 높은 빌딩에서 새처럼 도약하기를 포기하는 대신 걷거나 뛸 것이다. 그뿐인가? 그는 자신의 자유를 제약하는 물리적 법칙들을 잘 활용해서 새처럼 날 수 있는 가능성을 모색할 수도 있다.

우리가 자유롭지 못한 또 다른 까닭은 규범에서 발견할 수 있다. 다른 사람과 조화롭게 공존하려면 이런저런 규범에 따라야 한다. 그렇지 않고 제멋대로 행동하다간 결국 벌을 받거나 심지어 죽임을 당할 것이다. 그런데 규범에 의한 제약은 물리적 한계에 의한 제약과 성격이 조금 다르다. 맨몸으로 하늘을 날 수 없으면 없는 것이지 애를 쓴다고 해서 맨몸으로 하늘을 나는 일은 결코 일어나지 않는다. 날개도 없이 맨몸으로 빌딩에서 도약하면 그저 땅 위로 추락할 뿐이다. 하지만 규범에 의한 제약은 언제나 깰 수 있다. 거짓말하지 말라는 규범은 거짓말하면 간단하게 깨지고, 심지어 살인하지 말라는 규범조차 별로 어렵지 않게 깰 수 있다. 세상에서 항상 일어나는 살인사건이 그 생생한 증거다.

그렇다면 우리는 규범의 한계 안에서 생각하고 행위하는 법을 배워야 할까, 아니면 배우지 말아야 할까? 물리적 한계가 문제라면 우리는 응당 그 한계 안에서 생각하고 행위하는 법을 배워야 한다. 물리적 법칙은 결코 변하는 것이 아니기 때문이다. 그런데 규범이란 시대마다 나라마다 달라지기도 하고, 누구든 마음만 먹으면 얼마든지 깰 수 있다. 심지어 아주 똑똑한 사람이거나 아주 강한 사람, 혹은 억세게 운이 좋은 사람이라면 규범을 깨고 나서 벌을 받지 않을 수도 있다. 예나 지금이나 잘못을 저지르지 않고도 벌을 받지 않는 사람은 어디에나 있다. 어디 그뿐인가? 규범을 지키는 것이 자신에게 손해가 되는 경우도 적지 않다. 그러니 적당히 자신에게 유리한 대로 하면 되지 않을까? 규범을 지키는 것이 자신에게 유리하면 지키고 그렇지 않으면 지키지 않는 식으로 말이다.

여기서 잠시 생각의 근본 목적이 무엇인지 생각해보자. 우리는 대체 왜, 무엇을 위해서 생각하며 사는가? 사르트르의 관점에서 보면 우리는 결국 자신을 위해 생각하며 산다. 이 말은, 우리 자신의 삶과 존재보다 더 중요한 상위 가치 같은 것은 없다는 뜻이다. 나는 사르트르의 생각이 옳다고 여긴다. 결국 규범이 삶을 위해 있는 것이지 삶이 규범을 위해 있는 것은 아니기 때문이다. 그런데 삶이란 개개인의 삶으로서 있는 것이기 때문에 결국 모든 규범은 개개인의 삶을 위해 봉사하는 방향으로 작용해야 한다는 결론이 나온다. 그러니 우리는 결국 자신을 잘 위하는 법을 배워야 한다. 그런데 자신을 잘 위하려면 우리는 무엇을 어떻게 해야 할까? 이러한 질문에 관한 생각은 사람마다 다를 수 있다. 돈이 좋은 사람은 부자가 되는 것이 자신을 잘 위하는 길이라고 생각할 것이고, 운동선수가 되고 싶은 사람은 훌륭한 운동선수가 되기 위해 열심히 노력하는 것이 자신을 잘 위하는 길이라고 생각할 것이다.

사르트르는 자신을 가장 잘 위하는 길은 자유를 위한 투쟁과 노력에 있다고 보았다. 사르트르에 따르면 생각하는 의식을 지닌 우리는 모두 자유롭지 않으려야 않을 수 없다. 자유는 우리 모두의 숙명인 것이다. 그런데 자유가 우리에게 숙명이라는 말은 우리가 아무 것에도 거리낌 없는 순수한 주체라는 뜻이기도 하고, 또 순수한 주체가 되어야 한다는 뜻이기도 하다. 부자가 되거나 훌륭한 운동선수가 되려고 노력하는 것은 오직 그러한 목적을 달성하는 것이 진정으로 자신이 원하는 경우에만 자신을 위하는 길일 수 있다. 자신이 진정으로 원하면 원하는 대로 목적을 추구하면 된다. 최선을 다해 노력하는 사이 우리의 정신은 강해지고, 정신이 강한 사람은 그렇지 못한 사람보다 더욱 자유롭기 쉽다. 그러니 어떤 목적을 추구하며 최선을 다하는 일이 게으르고 나태하게 생활하는 것보다 자신을 위해 더욱 바람직하다는 결론이 나온다. 그런데 목적이 이루어지지 않는다고 해서 크게 낙담하거나 절망할 필요는 없다. 아니, 실은 그래서도 안 된다. 우린 우리 자신을 위해 사는 것이고, 부자가 되거나 운동선수가 되는 일은 자신을 위하는 방편일 뿐이지 그 자체가 우리 삶의 근본적인 목적일 수는 없기 때문이다.

어떤 사람은 훌륭한 인격을 갖추는 것을 삶의 목적으로 삼을 수도 있다. 나는 이러한 목적이 부자가 되거나 운동선수가 되려는 목적보다 더욱 근본적이고 소중한 목적이라고 생각한다. 인격이 부족해 남들과 화목하지 못하는 부자나 운동선수는 인간적으로 초라하지만, 인격이 훌륭한 사람은 가난하거나 몸이 약해도 인간적으로 훌륭한 법이다. 하지만 훌륭한 인격을 추구하는 것이 때로 역효과를 낳기도 한다. 훌륭한 인격을 추구하다 자칫 자신의 도덕적 잣대에 어울리지 못하는 모든 사람들을 멸시하기나 하는 독선적인 사람이 될 수도 있다. 아마 이러한 문제가 사랑으로 해결될 수 있다고 생각하는 이들도 있을 것이다. 진정으로 훌륭한 인격을 지닌 사람은 자신보다 못한 사람을 멸시하기보다 도리어 사랑할 것이라 생각한다는 것이다. 그러나 사람이 사랑으로 인해 더욱 독선적으로 행동하는 일 역시 결코 드물지 않다. 사랑으로 인해 부모가 자식에게 자신이 옳다고 여기는 삶의 길을 걷도록 일방적으로 요구하는 일이 대표적인 사례다.

결국 자신의 삶이 가능한 한 자유롭게 되도록 마음 쓰지 않는 사람들은 자유로워야 할 자신의 삶을 스스로 부자유하게 만드는 셈이다. 그가 추구하는 것이 돈이든 명예든, 아니면 도덕적 인격이든, 삶의 자유를 끝없이 증진시키기 위해 노력하지 않는 사람은 스스로 자신의 자유를 제약하는 사람일 뿐이라는 것이다.

우리의 생각이 자유롭지 못한 가장 근본적인 원인이 바로 여기 있다. 자신의 삶이 자유롭도록 내버려두는 것보다 더 중요한 가치가 있다고 인정하는 순간 우리는 자신의 자유를 스스로 제약하는 방향으로 생각하게 된다. 도덕조차 실은 자신의 자유를 위한 것이어야 한다. 우리의 모든 생각과 행위가 자신의 자유를 보존하고 증진시키는 방향으로 작용할 수 있도록 우리는 늘 마음 써야 하는 것이다.

나는 자유롭다, 그러므로 생각한다

혹시 이런 생각은 자기밖에 모르는 이기적인 생각일까? 하지만 자유를 위하는 마음은 결코 이기적인 생각이 아니다. 이기적인 사람은 결코 〈이방인〉의 구름과 같은 사람일 수 없다. 나쁜 의미의 이기심은 물욕에 매인 마음이다. 물욕에 마음이 매인 사람은 다른 사람과 다투기 쉽다. 그런데 다른 사람과 다투면 화가 나서 자신과 다툰 사람을 나쁜 사람으로 낙인찍는다. 물욕과 증오로 가득 찬 자신의 추한 마음은 보지 못한 채 형식적 규범만 강조하는 위선자가 될 가능성이 커지는 것이다. 그러니 이기적인 사람은 자유로운 사람이 되기 어렵다. 구름처럼 자유롭게 흐르는 대신 그는 끝없이 물욕에 매인 지상의 삶에 집착할 뿐이다.

우리의 생각은 그 자체로 우리가 자유롭다는 증거다. 우리는 늘 되도록 자유로운 방향으로 생각하고 행위해야 한다. 참다운 사랑이란 이런 사람에게나 가능하다. 생각의 자유를 소중히 여기는 사람은 자신을 구속하지 않으려 하고, 자신을 구속하지 않으려 하는 사람은 다른 사람 역시 구속하지 않으려 하는 법이다.

철학자 데카르트가 남긴 명언 "나는 생각한다, 그러므로 존재한다"라는 말을 나는 이렇게 바꾸고 싶다.

"나는 자유롭다, 그러므로 생각한다."

우리는 자신의 자유를 스스로 제약할 수도 있다. 물욕에 얽매인 생각, 이런저런 도덕적 규범을 절대화하는 생각으로 인해 우리는 자신의 자유를 스스로 제약한다. 그러나 생각하는 한 우리는 결코 자유와 아주 무관할 수 없다. 생각 자체가 자유의 표지이기 때문이다.

함께 읽으면 좋을 책들 ●

《실존주의는 휴머니즘이다》, 장 폴 사르트르 지음, 방곤 옮김, 문예출판사, 1999.
20세기를 풍미한 위대한 철학자들 가운데 하나인 장 폴 사르트르의 실존주의는 자유의 철학이다. 사르트르에게 자유란 윤리적 규범에 자발적으로 순응할 역량으로서의 자율성이 아니라 자기 자신의 실존을 위해 매 순간 선택할 수밖에 없는 인간 현존재의 숙명을 뜻한다. 이 책은 자유와 실존, 인간의 의식과 세계 간의 관계에 대한 사르트르의 철학적 성찰을 간결하고 함축적으로 표현했다.

《악의 꽃》, 샤를 피에르 보들레르 지음, 윤영애 옮김, 문학과지성사, 2003.
보들레르의 상징주의는 진정으로 현대적인 시문학과 예술의 출발점이기도 하다. 이 책은 결코 모두를 위한 시집이 아니다. 마음에 평안과 안식을 주는 서정시에 익숙한 사람이라면 《악의 꽃》을 읽으며 자주 불편함을 느낄 것이다. 그러나 참으로 생각하기를 원하는 자는 생경한 사상과 감성이 안겨주는 불편함을 마다하지 말아야 한다. 일상적이고 익숙한 모든 것은 실은 전통과 사회화의 산물로, 나 자신이 세상을 지배하는 평균화의 경향으로부터 자유롭지 못하다는 것을 알려주기 때문이다. 《악의 꽃》은 참된 자유와 고독을 위한 사유와 시적 감성의 기록이다.

극복

넘어져도 괜찮아 일어나면 되는 거야

넘어져도 괜찮아

김광석의 노래 중에 〈일어나〉라는 노래가 있다. 그의 후렴구는 살짝 목이 멘 듯한 소리로 간절하게 반복된다. "일어나 일어나 다시 한 번 해보는 거야 / 일어나 일어나 봄의 새싹들처럼"하고. 이 구절이 감동적으로 들리는 이유는 넘어지고 쓰러지는 게 인생이기 때문이 아닐까. 우리는 다시 봄의 새싹들처럼 일어서면서 의미를 얻는다. 긴 겨울의 혹독한 가르침을 견뎌낸 새싹들처럼 다시 일어서면서 삶이 진행되는 것이다. 삶은 다시 일어나는 게 관건이다. 다시 일어나 걷는 게 숙제다.

넘어져도 괜찮다. 일어서면 되는 거다. 일어설 수만 있다면 무슨 일이 일어나도 괜찮다. 문제를 극복할 때 행복해질 수 있다. 문제가 있어 오히려 고마울 때도 있다. 문제가 벽이 아니라 계단에 불과했다는 생각이 들 때도 있다. 우리가 극복할 수 있도록 이끄는 것은 오로지 문제의식뿐이다. 문제가 극복되지 못하고 문제로 남을 때 불행해진다. 해결하지 못하고 남겨진 문제들이 삶을 옥죈다. 문제가 사람을 넘어지게 만든다. 넘어져도 왜 넘어졌는지 생각해보지 않으면 그 넘어짐은 의미가 없다. 일어나 다시 시도해볼 때 문제가 인식되며, 인식된 문제는 지혜가 된다. 굴곡진 삶이어도 고비마다 지혜가 도와줄 것이다.

실존주의 극작가 사뮈엘 베케트Samuel Beckett(1906~1989)의 작품 중에 《고도를 기다리며》라는 작품이 있다. 여기에는 황량한 길 위에서 두 사람이 누군가를 무작정 기다리고 있는 상황이 연출된다. 한 사람은 고고라 불리고 다른 한 사람은 디디라 불린다. 고고는 영어식 발음을 연상하면 '가다'라는 말이 떠오르기도 한다. 그런데 갈 수가 없는 존재다. 또 디디는 뭔가를 생각할 때마다 모자를 벗어 그 안을 들여다보는 버릇이 있다. 텅 빈 속을 들여다본다. 아무것도 생각할 수 없는 존재다. 디디는 영어의 the, 혹은 독일어의 die 등과 같은 관사를 생각나게 한다. 관사는 혼자서는 기능할 수 없어 뒤에 명사가 반드시 따라와야 하는 개념에 불과하다. 명사에 의존적이라는 뜻이다. 디디는 주체적으로 생각하는 듯하지만 사실 늘 의존적이다.

두 사람은 보이지 않는 끈에 묶여 있는 듯하다. 서로 헤어지지도 못하고 자신들이 있는 그 황량한 곳을 벗어나지도 못한다. 아무것도 못한다. 기다림이 그들의 일상이 되고 만 것이다. 사는 게 사는 게 아니다. 그들에게는 목적이 있지만 그 목적은 삶을 괴롭힌다. 삶을 위한 목적이 아니기 때문이다. 삶을 주도적으로 살지 못한다. 늘 단 한 번도 만나보지 못한 고도를 기다리며 시간을 허비하고 있다.

그들의 기다림은 끝날 수 있을까? 만남이 이루어질 수 있을까? 내일에 대한 생각 때문에 기다림 외에는 아무것도 할 수가 없다. 미지의 존재 고도, 그에게 묶여 옴짝달싹을 하지 못한다. 자기 삶에 대한 성찰이 없다. 오로지 고도만을 생각한다. 하지만 그 고도가 누군지에 대해서는 아무도 말이 없다. 오로지 '그가 내일 온다'는 말에만 집중할 뿐이다. 수수께끼 같은 상황이다. 이런 무의미한 상황에서 어떻게 살아야 할까. 독자는 여기서 새로운 생각을 하지 않을 수 없다. 작가가 유도한 그 부조리한 상황을 어떻게 극복할 수 있을지 생각하게 되는 것이다.

앞서 말했듯, 극복을 하려면 문제의식이 전제된다. 문제의식이 없으면 극복해야 한다는 생각조차 할 수 없다. 극복은 분명 귀찮은 요구에 해당한다. 누구나 문제 없이 편하게 살고 싶다. 하지만 문제가 계속 존재한다면 편한 게 편한 게 아니다. 지금까지 살아온 그대로 살 수 없다면 어떻게 해야 할까? 더 이상 참을 수 없는 삶을 어떻게 극복할 수 있을까?

극복에는 상황 인식이 필수적이다. 주변 상황을 극복의 대상으로 인식하는 것이 우선이다. 과연 어떤 상황이 극복해야 할 문제적인 상황일까? 범인凡人들은 모른다. 범인들은 관습과 인습에 얽매여 살아갈 뿐이다. 남이 하니까 따라하며 습관적으로 살아갈 뿐이다. 왜 그렇게 살아야 하는지에 대한 고민도 없다. 오히려 남들처럼 살 수 없어서 안달이다. 시대적 이슈를 좇아가기 바쁘고, 유행을 따라가기 여념이 없다. 이들은 시간에 쫓겨 살기 때문에 '시간이 없다'는 말을 밥 먹듯이 한다.

헤겔Hegel(1770~1931)은 《법철학》 서문에서 "미네르바의 올빼미는 다가오는 어둠과 함께 비상을 시작한다"는 명언을 남겼다. 진정한 지혜는 세상이 어두워질 때 활동을 개시한다는 뜻이다. 세상이 어두워지고 있다는 것을 인식하는 존재가 미네르바의 올빼미다. 세상의 어두움은 인식의 문제다. 예를 들어 근대인들, 즉 르네상스인들은 중세를 '암흑기'라는 표현으로 부르는 데 어떤 거리낌도 없었다. 그 말은 신神만이 빛의 존재로 인정되었던 시대를 일컫는 개념이었다. 후배들은 선배들의 세상이 너무나도 어둡게 보였던 것이다. 인간성과 인간미를 찾지 못하고 오로지 신의 가치에 얽매여 있는 삶이 너무도 초라해 보였던 것이다. 화려하게 하늘로 치솟은 고딕 양식의 건축물 앞에서도 답답함을 금치 못했던 것이다. 오히려 탑이 높아질수록 세상에 드리워지는 그림자는 너무도 크게 느껴졌다.

극복은 분명 상황을 새롭게 인식하는 자의 몫이다. 현상 유지는 극복의 영역이 아니다. 현상 유지를 견딤의 과정으로 착각하지 말자. 견딤도 능력임을 인정하자. '인내력'이라는 말도 있다. 이것이 없으면 삶은 힘들어지고 만다. 모든 것은 견뎌낼 수 있을 때 새로운 의미를 얻게 된다. 견딜 수 없을 때 상황은 고통스럽게 느껴지겠지만 견뎌낸 후 느낄 승리감과 행복감은 그 무엇으로도 대체가 안 된다. 견뎌낼 힘이 있으면 모든 게 만만해질 것이다. 어떤 어려움도 놀이동산의 놀이기구를 바라보듯이 흥미진진한 시선으로 바라보게 될 것이다.

위대한 삶을 위한 거인의 조건

그리스 로마신화에는 프로메테우스라는 거인이 등장한다. 그는 인류에게 불을 가져다준 인간의 친구다. 하지만 신들과의 전쟁에서 패배하여 상상을 초월하는 형벌을 받는다. 아무도 없는 코카서스 산맥 암벽에서 헤파이스토스가 만든 끊어지지 않는 쇠사슬에 의해 손과 발이 묶여 있다. 에톤이라 불리는 독수리가 날마다 찾아와 프로메테우스의 간을 파먹는다. 날카로운 독수리의 부리를 피할 수도 없다. 매일 반복되는 고통을 어떻게 견뎌야 할까? 견디는 게 의미나 있을까?

고통? 그렇다. 고통이 문제다. 염세주의 철학자 아르투르 쇼펜하우어Arthur Schopenhauer(1788~1860)는 "모든 인생은 고통이다"라고 단언하기도 했다. 불교에서는 우리가 사는 이 세상을 '사바세계'라고 말한다. 참고 견디는 세계란 뜻이다. 그래서 성화도 연꽃인 경우가 많다. 더러운 곳으로 알려진 진흙탕에 뿌리를 박고 알 수 없는 깊이를 견디며 마침내 물이 끝나는 지점, 수면 위까지 도달해야만 피는 꽃이기 때문이리라. 삶은 '사는 일'을 의미하며, 사람은 '삶의 주체'를 일컫는 말이다. 그런데 사는 것도, 사람 구실하기도 만만치 않다. 고대인들은 삶을 어떻게 생각했을까? 얼마나 힘들면 프로메테우스라는 인물을 생각해냈을까?

삶의 문제는 죽음이 아니다. 삶은 사는 행위를 통해서 의미가 구현된다. 사는 게 문제일 뿐이다. '죽고 싶다!' 이 말은 프로메테우스의 것이 아니다. '살고 싶다!' 이것만이 거인의 목소리다. 때로는 형벌을 내린 제우스를 향해 저항의 목소리를 낸다. 그의 삶은 견딤을 의미했다. 결국 끝까지 견딘 그에게 도움의 손길이 미친다. 헤라클레스가 독수리를 화살로 쏴 죽이고 그를 풀어준 것이다. 그리고 인간 세상에 돌아온 프로메테우스는 진흙으로 자기를 닮은 인간을 만든다. 괴테는 이 이야기를 시로 남겨놓았다. 7연 중 마지막 연을 읽어보자.

여기 앉아 나는 인간을 만드노라
내 모습 그대로
나처럼
괴로워하고 울고
즐기고 기뻐하며
그리고 너의 종족을 존경하지 않는
나를 닮은 종족을

인간을 만든다는 말은 교육한다는 말로 이해해도 무방할 것 같다. 프로메테우스가 자기 자신을 닮은 인간을 만들고 있다. 거인의 모습을 이어받은 인간을 키워낸 것이다. 사는 게 힘드니 괴로워하지 않을 수가 없다. 울 때도 있다. 사람이 우는 것은 당연한 일이다. 하지만 항상 울면서 살 수만은 없다. 운다고 상황이 호전된다면 누구나 다 울면서 살면 된다. 그러나 눈물은 세상의 의미를 흐려놓을 수 있다. 있던 길도 제대로 보이지 않게 한다. 결국에는 즐기고 기뻐하며 사는 게 지혜다. 눈물을 닦고 세상을 바라보면 세상은 실망시키지 않을 것이다. 똑같은 세상에서 누구는 웃고 즐기며 살아가고 있다는 것을 생각한다면 삶에 대한 성찰은 시작될 수 있다.

생각 하나만 바꿔도 세상은 다른 모습을 취한다. 비가 오는 날도 좋아 보인다. 비가 오는 날이라고 무조건 나쁜 날이라 말하는 것은 선입견일 수 있다. 모든 것은 상황이란 게 있다. 어떤 날에 내리는 비는 단비라고 말한다. 기다렸던 비가 내려주면 그것은 달콤한 비가 되는 것이다. 육체가 있어서 아픔을 느낀다. 그렇다고 육체를 탓할 수도 없다. 육체가 있기에 쾌감을 느낄 수도 있기 때문이다. 행복을 느낄 수 있는 도구 역시 이 육체뿐이다. 이 몸을 가지고 세상을 살아가야 한다. 육체가 있어 행복하다는 생각을 하며 살아야 한다.

거인은 삶을 선택했다. 혀를 깨물며 자살하지 않았다. 끝이 보이지 않는 고통의 시간들을 견뎌냈다. 가끔 힘이 들 때면 구스타브 모로Gustave Moreau(1826~1898)의 〈프로메테우스〉라는 그림을 감상해보자. 이 그림에서 프로메테우스는 살갗을 뚫고 간을 쪼아대는 독수리의 부리에도 아랑곳하지 않고 분노의 시선을 던진다. 하늘을 향해. 하늘을 담당한다는 제우스를 향해. 포기나 패배는 거인의 것이 아니다. 거인은 결코 죽음을 생각하지 않고, 오로지 살고자 하는 의지로 충만해 있다.

프로메테우스가 전하는 메시지는 간단하다. '견디라!'는 것이다. 견딤은 미덕이다. 시간은 흐르고, 상황은 변한다. 이 세상에서 변하지 않는 것은 오로지 변함 그 자체뿐이다. 누구에게도 자신의 때가 있기 마련이다. 때를 기다려라. 끝까지 견디는 거다. 끝까지 견뎌보는 거다. 끝에 도달하면 스스로 안다. 끝은 하늘이 정해준 것이 결코 아니다. 스스로 포기할 때가 끝이다. '여기까지!'라고 말하는 자는 자기 자신이다. 하지만 이것은 거인이 가지는 생각이 아니다.

재미난 놀이를 위한 발상의 전환

시지프스는 돌을 굴리며 형벌을 받고 있다. 돌을 산 정상에 올려놓아야 하는데 정상에는 돌이 놓여 있을 만한 자리가 없다. 결국 돌은 산 아래로 굴러 떨어지고, 시지프스는 그 떨어진 돌을 다시 정상으로 올려놓아야 하는 무의미한 노동을 반복해야 한다. 올려놓으면 떨어지고 또 올려놓으면 떨어지고, 그것이 그가 당해야 하는 형벌의 내용이었다. 아직도 그는 어디선가 이 끝없는 형벌을 받고 있을지도 모른다. 그가 이 형벌에서 벗어났다는 이야기는 들어본 적이 없기 때문이다.

돌을 굴리는 게 의미가 있기나 할까. 허무하고 무의미하다. 그렇다고 포기할 수 있는 상황도 아니다. 사는 것은 이와 같이 끝없는 형벌의 연속이다. 스페인의 극작가 칼데론은 '태어난 게 죄'라는 말도 했다. 성경도 인류는 아담과 이브의 후손이라고 말한다. 에덴 동산에서 선악과를 따먹은 원죄에 의해 잉태되고 태어난 게 인간이라는 것이다. 게다가 어머니를 죄인으로 만들어놓기도 한다. "어머니가 죄 중에서 나를 잉태하였나이다(시편51:5)." 이런 고백 앞에 인간은 속수무책이 되고 만다.

우리의 삶은 때로 시지프스의 삶처럼 의미가 없다고 느껴진다. 우리는 이유가 있어서 사는 게 아니라 사니까 이유를 찾을 뿐이다. 의미가 있어 사는 게 아니라 사니까 의미를 추구할 뿐이다. 시지프스처럼 사는 게 의미 없어 보이고 일상에서 견뎌야 하는 일이 허무해 보여도 우리는 견디며 살아야 한다. 문제는 견디고 견디다 보면 이런 생각이 들 때가 있다는 것이다. '그래도 살아야 하나?' 이런 질문이 존재를 위기로 몰고 간다. 지극히 위험한 질문이 아닐 수 없다.

고대인들은 시지프스라는 인물을 통해 무엇을 말하려 했던 것일까? 왜 그의 이야기를 신화 속에 끌어들였던 것일까? 신이 내린 형벌이 얼마나 무서운지 보여주려고? 신의 말을 잘 들으라고? 신의 뜻에 잔꾀를 부리며 저항하지 말라고?

시지프스는 잔꾀를 부리다 제우스에게 미운 털이 박혀 형벌을 받았다. 그래도 그는 포기하지 않고 잘 살아간다. 왜 그럴까? 신화에는 그가 한 말에 대해 일언반구도 없으므로 그저 상상만 해본다. 돌을 굴리는 일에 재미를 느껴서 사는 게 아닐까 하고 말이다. 그렇지 않고서야 끊임없이 반복되는 똑같은 노동을 그렇게 꾸준히 해낼 이유가 없기 때문이다. 그는 어쩌면 이런 말을 하고 있을 수도 있다. "가장 힘든 일이 제일 재미

있다! 죽을 때까지 놀다가 죽을 것이다!" 고대인들은 그를 통해 진정한 생生철학자이자, 죽어도 살겠다는 의지의 표본을 보여주고 싶었던 것이 아닐까.

삶은 힘들기도 하지만 그 힘듦 때문에 재미있기도 하다. 아프기도 하지만 그 아픔 때문에 흥미진진하기도 하다. 실수가 안겨주는 패배감은 이루 말할 수 없을 정도로 깊지만 그 실수의 가능성 때문에 긴장감이 감돌기도 한다. 게임의 룰을 알면 게임을 즐길 수 있다. 삶에도 게임의 룰이 있다. 자신의 한계를 알고 그 안에만 머물 수 있으면 삶을 끝까지 책임지고 살아갈 수 있다. '인생은 마라톤과 같다'는 말이 있다. 오버페이스에 말려들지만 않으면 충분히 끝까지 달릴 수 있다. 자기 자신의 운명을 알면 모든 게 재미있는 놀이가 될 수 있다. 삶의 현장이 놀이터가 될 수도 있다.

상황을 형벌로 만들고 안 만들고는 자기 몫이다. 불평불만으로 시간을 허비하는 것도 자기 책임이다. 스스로가 그렇게 생각해서 벌어진 일이기 때문이다. 어느 누구도 그렇게 살라고 가르쳐주지 않았다. 이왕 해야 하는 일이라면 웃으며 하면 된다. 웃는 자에게 형벌은 의미를 상실한다. 고개 숙인 시지프스조차 미소를 머금고 사는지도 모를 일이다. 겉으로는 힘든 척하는지도 모른다. 정말 힘들다면 벌써 일찌감치 삶을 포기하고 말았을 것이기 때문이다.

포기는 시지프스의 것이 아니다. 그는 아무리 힘든 상황이 벌어져도 자신의 본성인 잔꾀를 동원해 상황을 모면할 수 있었다. 그에게 불가능이란 없다. 시지프스는 지옥에 가서도 하데스를 속여 재미있게 놀았다고 한다. 인간의 모든 것은 해결 가능하다. 문제는 스스로 답을 품고 있다. 문제 밖에서 답을 찾으면 안 된다. 삶이 문제라면 삶 속에 몸과 마음을 던져야 한다. 밖에서 훈수만 두며 살 수는 없다. 스스로 살아야 한다. 시간에 얽매여 살아야 한다면 그 시간의 대가가 되면 된다. 모든 인생이 시간으로 채워져 있다면 그 모든 시간에 의미를 부여하면 되는 것이다.

'뜻이 있는 곳에 길이 있다'고 한다. 길의 문제는 찾거나 만들면 해결되는 것이다. 길이 없다고 주저앉는 것은 삶에 대한 예의가 아니다. 삶도 권리가 있음을 인정해야 한다. 삶은 살 권리가 있다. 삶의 문제는 의지의 문제라는 뜻이 되기도 한다. 뜻이 있는 곳은 어디에나 있다. 의미를 부여하는 행위는 어디서든 이루어질 수 있다. 지옥에서도 인생을 즐기면서 살 수 있다. 시지프스의 지혜는 한계를 모른다. 재미가 있으면 의미가 있으며, 의미가 있으면 살만 하다. 재미를 위한 발상의 전환을 거스르는 것은 아무것도 없다. 생각하는 존재에게 생각을 방해하는 것은 오로지 자기 자신뿐이다.

아름다운 창조는 고통스런 파괴를 전제한다

천재로 번역되는 라틴어는 게니우스genius다. 이는 생산하는 능력을 의미한다. 없던 것을 만들어내는 능력이 천재임을 뜻한다. 새롭게 생산하는 능력이 평범한 사람의 삶을 넘어서게 한다. 일반적으로 예술가들을 천재로 부를 때가 많다. 왜냐하면 그들이야말로 뭔가를 만들어내고 있기 때문이다. 예술가는 평범한 돌을 정과 망치로 두들겨가며 뭔가 의미가 부여된 사물을 만들어낸다. 투박한 겉모양을 떼어내고 나면 아름다운 여인의 모습이 나오기도 하고 늠름한 전사의 모습이 탄생하기도 한다. 그렇다면 삶을 예술적으로 살 수는 없을까? 그냥 남들처럼 사는 게 아니라 자기만의 삶을 살 수는 없을까? 그것이 문제다.

삶을 예술로 만들 수 있다. 사람이 예술가가 될 수 있다. 평범한 삶에서 예술적인 삶을 창조해낼 수 있다. 하지만 여기서 어렵게 다가오는 것은 평범함을 버리고 남들처럼 살아서는 안 된다는 사실이다. 모두가 원하는 삶에서 등을 돌릴 수 있는가? 언제나 돌아서면 절벽인 듯한 그런 삶이기에 묻는 것이다. 남들을 따라가면 아무런 생각 없이도 걸을 수 있다. 졸면서도 앞사람의 옷자락을 붙잡고 걸을 수 있기 때문이다. 하지만 돌아서면 상황은 달라진다. 눈을 떠야 한다. 세상을 바라봐야 한다. 주변을 살펴야 한다. 삶을 창조적으로 산다는 것은 쉬운 일이 아니다.

인생은 아름답다. 사람이 아름답다. 세상은 아름답다. 자연은 아름답다. 이런 말들보다 더 아름다운 말이 있을까. 생철학자 프리드리히 니체Friedrich Nietzsche(1844~1900)는 "세계의 실존은 오로지 미적 현상으로만 정당화된다"고 했다. 실존은 정당하다. 그 정당성은 오로지 세상은 아름답다고 말할 때만 인정받는다. 그 외의 모든 말은 정당하지 않다. 아름답다! 이 말을 하기가 그토록 힘들다는 반증이기도 하다. 사람들은 너무도 쉽게 '죽고 싶다'는 말을 하며 살아간다. '살고 싶다'는 말은 외래어처럼 너무도 낯설게만 들린다.

깨닫지 못한 범인凡人들에게 삶은 진흙탕처럼 여겨질 뿐이다. 발이 푹푹 빠진다. 걷기조차 힘든 그런 땅이다. 그곳에서 살아야 한다니 한숨이 저절로 나온다. 뜬 눈으로도 사물을 있는 그대로 보지 못하는 중생衆生들에게 삶은 미궁처럼 여겨질 수 있다. 길이 있어도 답답하다. 앞으로 나아가도 출구로 향하지 못하는 발걸음 앞에 스스로 무너지는 인생을 살아가고 있을 뿐이다.

아름다운 인생은 어떻게 구현되는 것일까? 미적 현상은 어떻게 실현되는 것일까? 아름다운 존재는 어떻게 가능한 것일까? 미적 존재는 어떻게 발현되는 것일까? 주어를 명사로 말하니까 어렵게 들리기도 한다. 간단히 이렇게 말하면 어떨까. 어떻게 아름답게 살 수 있을까? 아름답게 사는 게 왜 이토록 힘든 것일까? 하고 말이다. 아름다움! 무엇이 아름다운 것일까? 사람과 삶을 생각할 때 이 문제는 철학이 된다. 철학이 어렵게 느껴지는 이유가 여기에 있다. 답이 주어져 있지 않고 스스로 찾아내야 하기 때문이기도 하다.

반대로 생각해보자. 무엇이 혐오스러운가? 무엇이 역겨운가? 돈이 없어서? 가정형편이 어려운 게 아름답지 못한 삶을 만드는가? 다른 사람 때문에? 그것도 가족 때문에 삶이 흉측해지는가? 누군가가 자기 삶을 괴롭히고 있는가? 제우스의 독수리 같은 존재가 있어 사는 게 힘든가? 하데스 같은 존재가 있어 삶의 현장이 지옥처럼 느껴지는가? 모든 부정적인 생각은 견뎌낼 힘이 없어서임을 인정하자. 견뎌낼 힘만 있으면 시지프스처럼 지옥에서도 재밌게 놀 수 있다는 것을 명심하자.

한계가 보이면 사랑해야 할 때

공자는 인생 오십을 지천명知天命이라 했다. 하늘이 정해준 운명을 아는 나이라는 뜻이다. 반세기! 결코 짧은 시간이 아니다. 봄 여름 가을 겨울, 그 시간들을 오십 번이나 반복해야 깨달을 수 있는 진리, 그것이 바로 하늘이 정해준 운명이라는 것이다. 평균적으로 그 정도는 살아야 운명을 알게 된다는 것이다. 사람은 누구나 하늘이 정해준 자신의 운명을 알아야 한다. 이제 운명이란 것에 집중해보자. 운명이란 말 앞에 많은 시간을 보내보자. 하늘을 바라보는 것도 도움이 될 수 있다. 허공 속에서 의미를 찾아보자. 깨달음은 쉽게 오지 않기 때문이다.

운명은 인간의 문제다. 운명을 아는 존재는 인간뿐이다. 세상 사물들에서 운명을 논할 수도 있겠지만 그런 논의 자체를 할 수 있는 것은 오로지 인간뿐이다. 운명은 언젠가는 알아야 할 대상이다. 운명은 생각하는 존재가 생각으로 알아내야 하는 대상이다. 생각하는 존재에게 궁극적인 숙제가 있다면 바로 자기 운명을 아는 것이 아닐까. 신탁이 내려졌던 아폴론 신전에도 '너 자신을 알라'는 말이 적혀 있었다고 한다. 신이 인류에게 남겨놓은 지혜다. 모두가 자기 자신을 알지 못하고 살아서 이런 말을 한 것이리라. 누구나 자기 자신을 알고 있다면 이런 말은 무의미한 것이 되고 말았을 것이다. 하지만 인간은 생각하는 능력을 타고났으면서도 자기 자신에 대해서는 제대로 알지 못하는 존재로 살아야 한다. 그것이 장삼이사의 삶이다.

자기 자신과 앎의 관계가 눈에 띈다. 지식은 늘 밖을 향해 있다. 어린아이는 끝을 모르고 묻는다. '이건 뭐야? 저건 뭐야?' 하면서. 이성적 존재의 한계가 바로 여기에 있다. 알고 싶은 욕망, 즉 지식욕은 늘 바깥을 향해 있다. 논리로 찾아갈 수 없는 게 있다면 그것은 바로 자기 자신이다. 아무리 공부를 해도 자기 자신을 되돌아볼 때 늘 절벽에 선 느낌이 드는 것은 바로 이 때문이다. 아무도 자기 자신에 대해서 확신을 가질 수 없다. 과연 지금 내가 생각하는 '나'가 나의 본질적인 '나'일까? 지금 내가 알고 있는 '나'가 진짜 '나'일까? 내가 지금 알고 있는 그 존재가 분명하다고, 또 그것뿐이라고 생각하면 왠지 답답해진다. 더 이상 노력할 게 없어서다. 더 이상의 가능성이 보이지 않아서다. 스스로 생각의 틀 속에 갇히고 마는 그런 꼴이기 때문이다.

창문에 갇힌 파리는 바깥세상에 대한 열망 때문에 죽어간다. 유리창에 대한 인식이 없어서 발버둥 치며 고생하다가 처절하게 죽어간다. 빛이 선사해주는 세상에만 집착하다가 죽어간다. 죽을 때까지 노력을 했지만 그 모든 노력에는 의미가 빠져 있다. 헛수고가 따로 없다. 마치 남이 하는 말을 운명처럼 받아들이고 살았던 나르시스의 삶을 보는 듯도 하다. 수면 위에 비친 자기 자신의 모습을 사랑해야 하는 운명 속에서 더 이상 살 수 없어서 죽음을 선택한 그 인물 말이다. 현상만 사랑할 때 비극은 피할 수 없는 운명이 되고 만다. 자기 안에 진정한 자기 자신이 사랑의 대상으로 자리 잡지 못한 인생의 종말은 공포를 자아낼 정도로 비극적이다. 영상을 실존으로 착각한 삶의 결과는 처참하기 짝이 없다.

생각하는 존재로 살아야 한다는 말을 할 때마다 생각나는 조각 작품이 하나 있다. 로댕의 〈지옥의 문〉이다. 그 문 위에 로댕은 〈생각하는 사람〉을 앉혀놓았다. 왜 그랬을까? 로댕이 생애 마지막 작품으로 이것을 선택한 이유는 무엇이었을까? 왜 이 작품을 완성하기 위해 37년이란 세월을, 그것도 소중한 마지막 시간을 투자했을까? 37년! 누구에겐 한 평생을 의미하는 시간이기도 하기에 묻는 것이다. 로댕은 이 작품을 르네상스의 작가 단테의 《신곡》을 읽고 감명받아 만들었다고 고백했다.

《신곡》은 지옥을 지나 연옥을 거쳐 천국으로 여행하는 이야기다. 단테가 이 작품을 통해 전하고자 했던 메시지는 이 세상이 여행지라는 사실이었고, 여행지가 곧 인간이 사는 이 땅이었다는 사실이다. 여행을 하면서 만난 사람들은 세상 밖의 존재, 즉 외계인들이 결코 아니었다. 그렇다면 이렇게 말해도 무방하리라. 자기가 사는 세상을 지옥으로, 연옥으로, 또 천국으로 만드는 것은 자기 자신이라고. 자기 삶은 자기 자신이 스스로 선택한 삶이라고.

칼데론의 말처럼 태어난 게 죄일까? 이런 죄의식으로 평생을 살아야 할까? 성경 말씀처럼 어머니가 죄를 지으며 나를 잉태한 것일까? 나의 인생이 죄의 산물일까? 죄의식은 왠지 모르게 모든 것을 삼켜버리는 고래처럼 보인다. 그렇다면 오히려 그런 고래를 자기 안에 품을 수 있는 바다와 같은 존재가 되면 어떨까. 온갖 더러운 것을 품고도 스스로는 썩지 않는 그런 존재가 되어보는 게 어떨까.

생철학자 니체는 "하루에도 열 번씩 네 자신을 극복해야 한다"고 말했다. 숫자는 의미가 없다. 그만큼 많이 극복하라는 말로 이해하면 그만이다. 매 순간 극복하며 살라는 요구로 말이다. 자기 삶의 주인의식은 이런 극복에의 의지에 의해 구현된다. 하루에 열 번 극복하기 위해서는 매 순간 문제의식을 제기해야 한다. 참으로 부지런해야 가능한 일이다. 잠시도 나태하게 살 수가 없다. 늘 스스로를 스핑크스 앞에 세우고, 늘 예상치 못한 질문 앞에 설 줄 알아야 한다. 목숨을 걸고 대답에 임해야 한다. 그것만이 사는 재미를 알려줄 것이다.

그런데 문제다. 언제까지 극복하며 살아야 할까. 이것이 문제되는 이유는 삶 자체가 무한하지 않아서다. 시간과 공간의 원리 안에서 살아야 하는 게 인생이기 때문이다. 이때 니체는 '아모르 파티Amor fati'라는 말로 위로를 해준다. 운명을 사랑하라는 말이다. 운명을 만나면 사랑해주라는 것이다. 더 이상 극복할 수 없다면 그 상황을 인정하고 받아들일 줄도 알아야 한다. 그때가 바로 끝이다. 끝까지 가보라! 그곳에서 새롭게 사랑해야 할 자기 자신을 만날 것이다. 그것이 끝까지 가야 할 이유다.

함께 읽으면 좋을 책들 ●————————————————

《그리스 로마 신화와 서양 문화》, 김원익, 윤일권 지음, 알렙, 2015.

그리스 로마 신화는 인간의 모든 문제가 고스란히 담겨 있는 보물 창고와 같다. 철학과 문학의 형식으로 나눠지기 전 본래의 이야기들, 그것이 신화다. 프로메테우스, 시지프스 등의 이야기를 읽으며 극복에 대한 생각의 단초를 찾아보자.

《즐거운 학문·메시나에서의 전원시·유고》, 프레드리히 니체 지음, 책세상, 2005.
니체 철학은 말 그대로 극복의 철학이다. 극복할 수만 있다면 얼마나 좋을까? 공부가 재미있다는 소리도 이해할 수 있을지 모른다. 공자도 때때로 배우고 익히면 기쁘다고 했다. 사람을 기쁘게 하는 그런 공부는 과연 어떤 것일까.

《망각교실》, 이동용 지음, 이파르, 2016.
적당한 때 기억하고, 적당한 때 잊을 수만 있다면 삶은 아무런 문제가 없다. 기억해야 할 때 기억이 안 나고 잊어야 할 때 잊지 못해 삶이 힘들어지는 것이다. 이성적 존재로 살아가기 위해서는 기억과 망각의 힘이 균형을 잡아줘야 한다. 극복할 것이 많은 현대인에게 망각의 힘이 필요한 것이 아닐까.

여행하라, 너 자신을 만날 것이다

떠날 때 수정된다

여행을 떠날 때 인생은 수정된다. 인생은 수정되고 변화를 겪으며 추억을 만든다. 모든 변화를 일궈내는 지점들은 나무의 내부에 형성되는 나이테처럼 차곡차곡 쌓인다. 그 추억으로 말미암아 시간이 의미를 갖게 되고 인식의 그물이 튼튼해진다. 삶이 살 만한 것으로 인식되는 것이다. 삶은 오로지 살아있음으로써만 그 가치를 얻고 인정받는다. 삶의 문제는 종말적 죽음이 아니라 살아가는 과정 속에 있다. 죽는 것이 아니라 사는 것이 문제라는 얘기다. 죽음에 대한 고민으로 일상의 소중한 시간을 허비해서는 안 된다.

살고 싶으면 끊임없이 먹고 자고 숨 쉬며 움직여야 한다. 삶의 의미는 움직임 속에 있다. 다른 모든 것은 마지막 움직임을 위한 준비 과정일 뿐이다. 움직임 속에 삶의 지혜가 스며있다. 괴테는 우주만물의 생성원인을 행동에서 찾기도 했다. '태초에 말씀이 계시니라'가 아니라 '태초에 행동이 계시니라' 하고 외쳤다. 행동이 창조의 원인이라고 생각한 것이다. 정신도 마찬가지다. 내면의 세계에도 움직임이 허용되어야 한다. 이런 생각 저런 생각을 다양하게 해봄으로써 정신은 건강을 유지한다. 하나의 의견에 얽매일 때 대화가 불가능한 불통의 정신이 탄생한다. 육체만 근육이 있는 것이 아니다. 정신에도 정신력이란 말이 있다. 정신의 힘에 의해 삶의 질이 결정된다. 그 힘에 의해 삶의 내용도 달라지기 때문이다.

하나의 현상에 머무름은 질병의 원인이 된다. 정신에도 병이 있다. 과거에 얽매인 사람도, 미래에 얽매인 사람도 결국은 현실을 상실한 사람이다. 현실 감각을 상실한 사람은 정신에 문제가 생긴 사람이다. 정신이 병들지 않기 위해서는 이런 생각 저런 생각, 모든 생각에 유연해야 한다. 정체가 없어야 한다. 막힘이 사람을 괴롭힌다. 끊임없이 흘러야 하고 끊임없이 변해야 한다. 흐르는 물은 샘물이라 불리지만, 고인 물은 썩기 십상이다.

만남은 떠남을 받아들여야 한다. 영원히 함께 할 수 있는 것은 존재하지 않는다. 모든 생명은 죽음을 피할 수 없다. 그렇다고 죽음이 삶을 결정하는 것은 결코 아니다. 삶은 죽음으로 끝나지만 그렇다고 그 죽음이 삶의 모든 것을 의미하는 것도 아니다. 삶의 문제는 오로지 살아 있음에 의해서만 의미를 갖는다. 삶의 의미를 깨닫고 싶다면 끊임없이 반복되는 만남과 떠남의 의미를 진정으로 인식해야 한다.

떠나는 것도 용기가 있어야 한다. 떠날 용기가 없다면 떠날 수 없다. 이 떠날 용기와 함께 르네상스가 태동됐다. 르네상스는 신세계를 향한 열정과 함께 시작했다. 1492년에 콜럼버스는 아메리카를 발견했고, 1498년에 바스코 다 가마는 인도로 가는 바닷길을 발견했다. 천 년 동안 갇혀 있던 생각을 열어놓은 것은 새것에 대한 호기심이었다. 새로운 세상이 필요했고, 신의 아름다움은 이제 지긋지긋해졌다. 인간의 아름다움에 시선이 꽂혔다. 신학에 신물이 나고, 인문학에 마음이 갔다. 천국에 싫증이 났다. 대지와 대양에 눈을 뜨기 시작했다. 이러한 변화와 함께 휴머니즘 사상이 대세를 이룬다.

이 세상에서의 삶이 주목받기 시작한다. 영국에는 르네상스의 영웅이 있다. 바로 셰익스피어다. 그는 인간의 마음속으로 여행을 떠났다. 그리고 '이렇게 살면 비극을 피할 수 없다'는 것을 깨닫고, 4대 비극을 탄생시켰다. 햄릿의 비극은 아버지의 망령을 만나면서 시작되었다. 그 망령의 말을 진실로 간주하면서부터 그의 정신은 틀 안에 갇히고 말았다. 오델로는 부하의 말에 놀아났다. 부하의 말을 진실로 간주하면서부터 그 부하의 정신적 하수인이 되고 만다. 또한, 리어왕은 막내를 시기하는 두 딸들의 이간질 속에서 정신을 못 차린다. 잘못된 상황 파악 하나의 왕국을 몰락의 길로 접어들게 했다. 맥베스는 황야에서 만난 세 마녀의 예언, 즉 '왕이 되리라'는 말을 찰떡같이 믿으면서 비극이 시작된다.

뭔가 일이 잘 안 풀릴 때는 틀에 박힌 생각 속에서 고집을 피우기보다는 훌쩍 떠나보는 것이 좋다. 어디로든 떠나보는 것이다. 삶의 현장이 미궁처럼 여겨질 때, 그 현장을 떠나보는 것이다. 도시의 탑이 얼마나 높은지를 알고 싶으면 그 도시로 떠나봐야 한다. 일상이 삶을 지치게 만들면 그 일상에서 떠나보는 게 상책이다. 길은 떠난 후에야 눈에 들어온다.

견딜 수 없다면 떠나야 한다

"근육은 쓰면 쓸수록 강해지지만 신경은 쓰면 쓸수록 약해진다"는 말이 있다. 쇼펜하우어의 《인생론》에 나오는 지혜이다. 집념이 집착이 될 때 신경이란 놈이 상처를 만들기 시작한다. 눈에 보이지 않는 내면의 상처는 곪고 곪아 터질 때까지 키우면 안 된다. 마음의 상처는 신경을 쓰지 않을 때 회복된다. 마음 한 번 바꿔 먹으면 모든 것이 바뀌고 만다. 그토록 연연했던 사건조차 아무것도 아닌 것이 되기도 한다. 생각하기와 생각하지 않기가 마음대로 될 수만 있다면 인생에 문제될 것은 아무것도 없다.

가끔 죽고 싶다는 생각이 들 때가 있다. 견딜 수 없어서 하는 소리다. 삶의 짐이 힘에 부칠 때 내뱉는 소리다. 힘을 줘야 할 때 내뱉는 한숨은 순식간에 힘을 빼놓고 만다. 때로는 힘을 제대로 쓰기 위해 숨을 참아야 하기도 한다. 긴장감을 유지해야 힘을 쓸 수 있기 때문이다. 시위를 견딘 화살이 멀리 날아간다. 멀리 뛰려면 도약에 필요한 적당한 거리만큼 뒤로 물러나야 한다. 삶을 감당할 수 없을 때는 삶의 현장을 떠나보는 것도 회복을 위해 좋은 처방이 될 수 있다.

삶은 무엇을 물어도 대답해준다. 삶은 수많은 질문을 쏟아내지만 그 모든 것에 대해 확실한 대답을 알려준다. 삶이라서 그런 거다. 하지만 문제는 끊임없이 삶의 발목을 잡는다. 아무것도 아니었던 것이 심각한 문제로 돌변할 수도 있다. 어떤 사람은 바람에 스치는 별에도 할 말을 잊고 만다. 팔다리가 잘려나가는 물리적인 고통은 일반적인 것이 아니다. 오히려 일반 대중은 그런 고통을 모르고 산다. 그런데도 모두들 아파한다. 힘들어 죽을 지경이다. 보이지 않는 삶의 짐을 지고서 허덕이고 있는 것이다.

문제가 없는 삶은 없다는 말에 귀를 기울여야 한다. 그렇다고 해도 풀리지 않는 문제를 끌어안고 너무 오랜 시간을 버텨서는 안 된다. 그럴 필요도 없다. 힘은 무한정 주어지는 것이 아니기 때문이다. 인간의 힘에는 한계가 있다. 사용할 수 있는 힘의 한계 속에서 최선을 다해야 한다. 하지만 한계가 인식될 때는 미련 없이 떠나야 한다. 머뭇거리면 인생이 나를 배반할지 모른다. 인생의 반격은 그 어떤 것으로도 막을 길이 없다. 적당한 시기에 모든 것을 내려놓는 지혜야말로 최고의 미덕이다.

감당이 안 되면 버려야 한다. 가질 수 없다면 포기해야 한다. 마음이 떠난 자에게 미련을 갖는 것만큼이나 어리석은 짓은 없다. 외로움도 감당이 되면 고독이라는 이름으로 꽃을 피워주겠지만 감당이 안 되면 쏟아놓은 눈물의 쓰나미에 낭패를 당할 수도 있다. 인생은 고해苦海라지만 그 눈물의 바다에서 익사당하는 일은 없어야 한다. 바다는 항해를 할 때 의미를 갖는다. 바다를 방해물로 생각할 때 답답함이 엄습해온다. '바다가 육지라면' 하며 기적을 바라기도 한다. 답답함 속에 머무는 삶만큼 한심한 인생이 없다.

숨이 차서 헐떡이다가도 떠나면 숨을 고를 수 있다. 이것이 여행을 해야 하는 이유다. 물론 모든 여행은 돌아옴을 목표로 한다. 떠났다가 돌아오는 모든 이들은 변화를 안고 돌아온다. 떠날 때의 그 모습은 먼 곳에 벗어던지고 돌아온다. 새로운 인간이 되어 돌아오는 것이다. 떠날 때 짊어지고 갔던 짐은 온데간데없다. 어렸을 적 뛰놀던 고향집에서 느끼는 감정이 이런 것이다. 그때 그렇게 커 보이기만 하던 것들이 너무도 작아 보이는 그런 느낌 말이다. '이런 것 때문에 힘들어 했구나' 하는 생각이 드는 순간이다. 깨달음이 가져다주는 가벼운 마음이다. 마음이 가벼우면 모든 게 즐겁다. 그런 마음이 과거의 모든 것을 아름다운 추억으로 만든다.

쏜살같던 시간도 떠나면 느려진다. 여행자의 시선은 먼 곳을 향해 있기 때문이다. 빠른 속도로 지나가는 기차 안에서도 먼 산을 바라보면 모든 것이 느리게만 지나간다. 느린 시간 속에서 추억이 생겨난다. 하나의 추억은 벽돌처럼 하나의 독립된 생각을 형성해준다. 하지만 그 하나가 전체를 위한 하나의 공간을 채우게 되는 것이다. 벽돌로 만들어진 시간만이 삶의 의미를 단단한 건물이나 탑으로 쌓아 올린다. 죽음을 앞에 두고 여유롭게 웃을 수 있는 것도 이런 추억 때문이다. 죽음으로 끝나는 삶이라 해도 추억은 분명 웃으며 마감할 수 있는 힘을 주는 것이다.

보기 싫은 인생도 멀리서 보면 멋져 보인다. 삶은 너무 가까이서 보면 한 조각의 모자이크처럼 둔탁한 끝부분이 보이기 마련이다. 하지만 전체가 보일 때 그 개별적인 경계선들은 무시되고 만다. 모든 인생은 가까이서 보면 형편없는 졸작처럼 보이지만 멀리서 보면 걸작이 아닌 것이 없다. '모든 인생은 한 편의 소설과 같다'는 말도 그래서 나온 것이리라. 어차피 살아야 할 인생이라면 좋은 마음으로 살아야 할 일이다. 불평불만은 인생을 좀먹는 벌레와 같다. 나쁜 마음은 삶을 못나게 하는 이유가 된다. 만족할 때 행복이 실현된다. 사는 이유는 행복을 맛보기 위함이다. 불행을 위해 사는 이는 단 한 명도 없다. 설혹 일부러 비극을 보려 하는 이도 결국에는 카타르시스를 경험하기 위함일 뿐이다.

끝까지 가본 자가 자기 자신을 만난다

풀어놓아야 잡히는 게 마음이다. 마음은 풀어놓아야 그 마음을 다 잡을 수 있다. 풀어놓음과 다잡음은 마음이라는 영역에서는 모순이 아니다. 마음은 풀어놓을 때 잡힐 수 있는 대상이 된다. 이런 수수께끼 같은 마음을 갖고 살아야 하는 게 인간이다. '정신이 사납다'는 말도 있다. 마음이 안 잡혀 있을 때 하는 소리다. 마음이 붕 떠있을 때 정신은 사나워진다. 정신이 사나울 때 마음은 혼란스럽기 그지없다. 사나운 정신은 결코 주인 행세를 하지 못한다. 그저 고삐 풀린 망아지처럼 통제를 벗어난 정신일 뿐이기 때문이다. 이런 정신은 육체를 괴롭힌다. 이리저리 방황하게 만들기 때문이다.

자유로운 정신 안에는 다잡힌 마음이 마음껏 뛰놀고 있다. 이런 마음이 정신을 자유롭게 해준다. 니체의 말로 하자면 "구속된 마음, 자유로운 정신"이라고나 할까. 마음이 잡힐 때 평화가 도래하고, 마음이 잡힐 때 풀어짐을 경험하게 되기 때문이다. 마음의 평화와 정신의 자유는 인식의 최고 경지에서 함께 만난다. 바로 그 지점에서 자기 자신이 인식의 대상이 된다. 모든 인간은 자기 자신을 알고 있으면서도 불안해한다. 늘 '나는 누구인가'라는 질문을 쏟아내는 이유는 자기가 누군지에 대해 확신이 없기 때문이다. 이런 상황에서 마음은 심란해지고 정신은 사나워질 수밖에 없다.

인생의 모든 순간은 갈림길에 서 있는 듯하다. 그래서 선택이 문제가 되기도 한다. 아니, 모든 인생은 선택의 결과물이라고 말해도 무방하리라. 한 사람의 인생은 그 선택이 가져다준 결과물로 해석되고 평가될 것이다. 어떻게 살 것인가? 이 질문은 지금 이 순간 무엇을 선택할 것인가 하는 문제로 연결된다. 길 위에서 길을 묻지 않을 수 없다. 다양한 길 앞에서 하나의 길을 선택해야 하기 때문이다. 어떤 길이 자기의 인생에 적합한지 물어보아야 하기 때문이다.

힘이 닿는 데까지 가보라. 거기서 만나는 것은 바로 자기 자신이다. 자기 힘이 다할 때 자기 자신이 보인다. 도중에 포기된 인생은 그 끝에 무엇이 기다리고 있는지 전혀 알지 못한다. 자살로 끝난 인생은 영원히 미완성으로 남는다. 끝까지 가보라. 거기서 만나는 것은 부모도, 선생도, 은인도, 친구도, 애인도 아니다. 끝에서 우리는 타인이 아닌 자기 자신을 만난다. 자기 자신을 만나게 되는 날 성자들이 그토록 동경했던 깨달음이라 불리는 빛줄기가 은하수처럼 쏟아질 것이다. 그 끝에서 경험하는 것은 말로 형용할 수가 없을 정도다. 자기 자신이 보이지 않는 곳은 아직 끝이 아니다. 함부로 끝이라고 말하지 말아야 한다. '이젠 끝이다!'라고 말하면서도 그 너머가 안 보인다면 그것은 진정한 끝이 아니다. 아직 한계에 도달한 것이 아니다. 그 너머가 안 보이면 다시 마음을 다잡고 일어서야 할 것이다. 일어서는 데 게을러서는 안 된다. 주저하면 시간만 낭비할 뿐이다. 주저앉으면 자기 손해다.

떠나면 무너지지 않는다. 삶이라 불리는 공든 탑의 의미는 떠나지 않고 고집을 피울 때 무너지는 법이다. 파스칼도 인간을 일컬어 '흔들리는 갈대'라 했다. 흔들림 자체가 문제되는 것은 아니다. 인간의 마음도 변할 수 있다. 이랬다저랬다 하는 마음 자체를 부정적으로 바라볼 필요는 없다. 어제 가졌던 의견을 오늘 바꿀 수도 있다. 그런 변화에 양심의 가책을 느낄 필요는 없다. 오히려 시시때때로 변하는 그런 마음을 인간적인 것으로 간주하면 아무것도 부끄러울 게 없다. 꿈도 수시로 바뀔 수 있다. 흔들리고 변화하는 것은 인간적인 모습이다.

떠나며 기다리라. 모든 여행은 새로운 것 혹은 낯선 것과 마주하고자 하는 의지의 출현으로 이루어진다. 그래서 떠남은 만남을 목적으로 한다는 말이 있기도 하다. 이것을 깨달을 때까지 여행을 해보아야 한다. 누군가를 기다리는 마음으로 떠나보라. 기다리는 시간은 열정을 요구한다. 그냥 아무런 생각 없이 시간을 보내는 것은 기다리는 시간이 아니다. 기다림이란 그 기다림의 대상을 끊임없이 생각하는 데서 이루어진다.

번개를 잉태하려면 먹구름은 필연적이다. 먹구름이 모이고 모여, 번개가 남겨놓은 천둥소리가 들릴 때까지 기다려야 한다. 가끔은 스승이 가르친 소리가 수십 년이 지나서야 마침내 들리기도 한다. 때로는 평생을 보내고 나서야 들려오기도 한다. 무심코 흘려들은 소리가 무척이나 중요했음을 인식할 때도 있다. 들으려 해도 들리지 않던 소리가 때가 되면 정확하게 들리게 되는 것이다.

종소리가 들릴 때까지 떠나보아야 한다. 허공 속에서 종소리가 들릴 때까지. 자기 자신이 비어 있을 때 종소리를 위한 귀가 열린다. 준비되어 있지 않은 자에게는 모든 것이 허무하다. 해탈의 소리를 들려준다는 범종도 속이 텅 비어 있는 존재임을 알아야 한다. 떠나며 다시 채워지기를 기다려야 한다. 텅 빈 공간 속으로부터 채워지는 그 소리가 큰 울림으로 세상에 태어날 때까지 기다려야 한다. 내면에 조금이라도 이물질이 있다면 완전한 해탈의 소리는 실현될 수 없다. 약간의 이기심조차 모든 음을 탁음으로 바꿔놓고 말 것이다. 큰 울림은 큰 비움에 의해서만 가능하다.

여행은 떠남과 함께 시작한다. 그리고 돌아옴에 의해서 완성된다. 떠남의 과정은 길어도 돌아옴은 순식간이다. 돌아올 때는 떠난 곳을 향한 마음 때문에 발걸음이 가볍기만 하다. 마음이 그 길의 길이조차 바꿔놓는다. 모르고 덤빌 때는 모든 것이 힘들고 무섭다. 하지만 끝을 알고 그것을 끝이라 인정하고 돌아갈 때는 그 어떤 길도 힘들지 않다. 힘든 길이란 것이 따로 존재하지 않는다는 얘기다. 나쁜 길도 없다. 훈련을 해야 하는 사람에게는 힘들고 나쁜 길, 그런 것이 오히려 가장 이상적인 길이 될 수도 있다.

여행은 자신에게 새로운 것을 허락하는 자세에서 가능해진다. 여행은 낯선 것을 향한 동경을 동반한다. 그 낯선 것이 새로운 인식을 가져다줄 것이라는 확신에서 떠나는 것이다. 떠날 때는 모든 것을 내려놓는 마음이 필요하다. 얽매이는 것이 있다면 제대로 떠날 수 없다. 미련 때문에 자꾸만 뒤를 돌아보게 될 수도 있다. 그것은 진정한 떠남이 아니다. 여행을 떠나고자 하는 자는 자기 자신을 묶고 있는 온갖 속박을 던져야 한다. 굴레를 벗어던져야 한다. 다만 벗어던지기 위해 무엇에 묶여 있었는지 깨달아야 할 뿐이다.

인간의 한계, 이성의 한계

어릴 때 몰두했던 재미난 놀이가 기억난다. 선을 그어놓고 뛰어 놀던 놀이다. 선을 밟으면 누군가가 '넌 죽었다!'고 외친다. 선을 밟으면 안 된다는 것이었다. 규칙을 정해놓고 그 규칙 속에서 서로가 이기려고 애를 쓴다. 소위 살아남기 위한 노력이 이루어진다. 누가 반칙이라도 하면 흥분을 금치 못한다. 그 당시 모든 싸움의 원인은 이런 반칙에 기인했던 것 같다. 반칙이냐 반칙이 아니냐를 두고 서로 아웅다웅이었다. 늘 규칙을 상기시키고 그 규칙에 의거해 옳고 그름이 판결되었다.

몰두할 수 있는 것은 재미난 것이다. 재미나기 때문에 몰두가 가능한 것이기도 하다. 몰두할 때 스스로 세상의 중심에 있음을 인식한다. 그때는 별도 보이고 허공 속의 바람도 느껴진다. 사물 속에서 존재한다는 것이 재미난 놀이처럼 여겨진다. 그 어떤 과거도 미래도 이 몰두에는 방해요소가 되지 못한다. 몰두는 시간을 한없이 느리게 흘러가게 해준다. 아니 모든 느려진 시간이 이러한 몰두를 가능케 해준다고 말해도 틀린 말은 아니리라.

하지만 그 어떤 놀이도 하루를 넘기지 못한다. 하나의 규칙으로 영원히 놀 수는 없다. 싫증이 나면 다른 놀이를 생각해내야 한다. 심심하면 안 된다. 심심하면 큰일이다. 심심함, 심심한 느낌, 이것이 어린 시절에 경계해야 했던 최고의 재앙이다. 놀아야 한다. 수단과 방법을 가리지 않고 놀아야 한다. 같이 놀자! 이것이 어린이들의 지상명령이었다. 아이들은 아무도 알려주지 않았지만 놀아야 한다는 사실에 몰두하며 시간을 보낸다. 어떤 일이 있어도 놀 수 없다면 싫다. 늘 재미난 놀이를 고안해내는 데 주력을 해야 했던 때의 일이다.

그런데 생각하는 존재는 생각의 한계에 갇혀버릴 때가 있다. 재미는 없어야 하고 진지해야 한다는 생각이 들면서 스스로를 어떤 하나의 규칙에 얽매이게 하면서부터 문제가 발생하기 시작한다. 웃음을 잊고 산 지 몇 년이나 되었을까. 좋게 얘기하면 철이 들면서부터 오히려 이런 문제가 나타나기 시작한다. 때로는 목적의식이 이런 상황을 연출해내기도 한다.

어떤 상황에 도달하기 위해 다른 모든 것을 희생 제물로 삼는다. 금욕禁慾, 욕망을 금함! 하고 싶은 것을 통제하면서까지 미래를 지향하게 된다. 금욕생활은 이성적인 존재가 보이는 가장 특이한 현상이 아닐 수 없다.

우리말에 '공부 다 했다!'라는 표현이 있다. 이 말은 질문에 대한 답변일 뿐이다. 누군가가 물었던 것이다. '공부 다 했냐?'고. 마치 정해진 분량을 다 한 것처럼 말한다. '다 했다'는 말은 그런 의미이기 때문이다. 하지만 공부는 다 할 수가 없다. 공부는 죽을 때까지 해야 한다. 1+1=2, 일 더하기 일은 이라는 식은 이념일 뿐이다. 그 내용은 시간과 공간을 달리하면서 무수히 다양한 가능성으로 나타난다. 그 일의 내용은 사과도 될 수 있고 수박도 될 수 있다. 때로는 태양이 될 때도 있다. 일 자체를 어떤 것으로 생각하느냐에 따라 모든 것이 달라질 수 있다는 얘기다.

배움에 끝이 있다면 얼마나 좋을까? 하지만 이성을 가지고 생각하는 존재로 태어난 인간은 그 생각의 끝을 정해놓을 수가 없다. '이건 이래야 한다! 저건 저래야 한다!'라고 말하는 순간, 스스로는 이미 선입견과 편견에 갇혀 있는 존재임을 깨달아야 한다. '넌 왜 그러니?' '넌 이해할 수가 없어!' '이래야 되는 거 아냐?' 이런 말을 많이 하는 사람일수록 대화할 줄 모르는 사람임을 깨달아야 한다. 이런 사람은 자기가 그어놓은 선 안에 스스로 갇혀 있는 사람이다. 선 밖의 일에 대해서는 무능한 사람 말이다.

나이가 들수록, 세월이 지날수록 이성은 굳어지기 마련이다. 할아버지나 할머니는 한 번 삐치면 꽁한 마음 죽을 때까지 풀지 않는다. 상처를 받으면 상처를 오히려 잊지 않으려고 한다. 그러면서 매사에 자신의 잣대를 들이댄다. 뜬 눈으로도 사물을 제대로 보지 못하고 열린 귀로도 진실을 듣지 못한다. 만남은 상대적인지라 상대가 듣고 싶은 소리만 하고 듣고 싶지 않는 소리는 꺼내지도 않기 때문에 자신이 벌거숭이 임금이 된 사실도 깨닫지 못할 때가 많다. 남들은 다 아는데 자기 자신은 전혀 눈치도 못 챈다.

하지만 아이들은 다르다. 선을 밟지 않았다고 우기는 아이와 한바탕 싸움을 치룬 뒤에도 다시 놀이에 몰두할 수 있다. 그것이 아이들의 세계다. 마음이 쉽게 바뀐다. 집착을 보이던 장난감에도 다른 데 관심이 쏠리면 순식간에 잊어버리는 것이다. 하염없이 울던 아이도 한순간에 깔깔대며 웃기도 한다. 눈물 콧물 다 쏟아내다가도 재미난 생각 하나가 상황을 그렇게 돌변시켜놓은 것이다.

생각은 할 수도 있고 안 할 수도 있다. 떠나 간 사람을 생각할 수도 있고 안 할 수도 있다. 실패한 경험을 명심할 수도 있고 훌훌 털어버릴 수도 있다. 기억할 수도 있고 망각할 수도 있다. 적당한 때에 기억해야 할 것을 기억해내고 또 적당한 때에 잊어야 할 것을 잊을 수만 있다면 인생은 아무 문제없다. 시험장에서 답이 척척 떠올라준다면 얼마나 행복할까. 또 하늘이 무너지는 슬픔도 '레드 썬!' 한마디로 망각의 강을 넘길 수 있다면 무슨 문제가 될까. 이런 의미에서 삶의 달인은 분명 생각의 달인이 아닐까.

여행은 공간 이동에만 국한 되는 것이 결코 아니다. 지금까지 살아온

여정을 되돌아보는 것도 의미 있는 여행이 될 수 있다. 또 앞으로 펼쳐질 여정을 생각해보며 희망에 찬 여행을 해보는 것도 좋다. 여행을 하며 추억을 만들어 자신에게 소중한 축제의 시간을 선사해보자. 숨이 차게 하는 일상에서 벗어나 숨을 찾아보자. 진정한 축제를 위하여 솔직한 마음의 여행을 떠나보자.

함께 읽으면 좋을 책들 ●━━━━━━━━━━━━━━━━

《일리아스/오디세이아》, 호메로스 지음, 이상훈 옮김, 동서문화사, 2007.
이런 고전 하나 읽어주는 것은 자기 인생에 커다란 선물을 주는 것이나 다름없다. 트로이로 떠나는 여행 10년, 전쟁에서 집으로 돌아가는 여행 10년, 도합 20년의 여행 이야기다. 죽을 때까지 잊지 못할 명장면을 선사해줄 것이다.

《신곡》, 단테 지음, 허인 옮김, 동서문화사, 2007.
천 년이 넘도록 지속된 중세의 아성을 무너뜨리고 세상을 바꾼 책이다. 한 시인이 목요일 밤부터 금요일 날이 채 밝기 전까지 지옥, 연옥, 천국을 여행하는 이야기다. 독자는 지금 어느 지점을 여행하고 있는가? 태어난 게 죄라며 삶을 한탄 속에 빠뜨려놓고 사는 것은 아닌지. 숨 가쁘게 가던 길을 잠시 멈추고 생각해보자.

《파우스트》, 괴테 지음, 김인순 옮김, 열린책들, 2009.
파우스트는 악마의 힘을 빌려 여행을 떠나 수많은 다양한 경험을 한다. 지식욕을 불태우며 세상을 구경한다. 그는 생각만 하며 머물러 있지 않고 사는 동안 최선을 다한다. 행동하며 실천하는 자세로 소중한 시간을 보낸다. 그의 삶은 노력하는 인간의 전형을 보여준다. 그 노력의 대가로 그는 구원의 손길을 받게 된다.

노동

노동을 바라보는 우리의 시각들

고통의 상징으로서의 노동

현대사회에서 '노동'은 자유, 평등, 민주, 행복 등에 비교될 수 있을 만큼 중요하게 취급된다. 지금처럼 실업자가 많고 안정된 직장을 갖기 어려운 시대에 노동은 어떤 가치보다 훨씬 더 중요하게 다가오기도 한다. 이때 노동은 넓은 의미에서 인간이 수행하는 일 전체(여기에는 정치 행위, 학문 행위, 예술 행위 등도 포함된다)를 의미하기도 하지만, 대체로 인간의 의식주를 해결하기 위한 생산 활동, 즉 경제적 활동을 지칭한다.

그런데 노동이 이렇게 훌륭한 대접을 받게 된 것은 역사적으로 그렇게 오래된 일이 아니다. 정확히 말하자면 17~18세기가 되어서야 이런 전환이 일어난다. 그 이전에 노동은 아주 부정적인 의미를 가지고 있었다. 예를 들어 서양 문화의 한 출발을 이루는 성서에서는 인간이 신 앞에서 죄를 지은 이후 형벌로 받은 것이 노동이다. 구약성서 〈창세기〉를 보면 신이 죄를 지은 아담에게 다음과 같이 말한다. "네가 네 아내의 말을 듣고 내가 네게 먹지 말라 한 나무의 열매를 먹었은즉, 땅은 너로 말미암아 저주를 받고 너는 네 평생에 수고하여야 그 소산을 먹으리라. 땅이 네게 가시덤불과 엉겅퀴를 낼 것이라. 네가 먹을 것은 밭의 채소인즉, 네가 흙으로 돌아갈 때까지 얼굴에 땀을 흘려야 음식을 먹으리니…(창3, 17-19)." 노동 없이도 음식을 먹을 수 있는 시대가 역사적으로 있었는지 모르겠지만, 성서는 노동이 인간의 죄의 결과임을 보여줌으로써 유대인들이 노동에 대한 부정적 견해를 가지고 있었음을 말해준다. 그리고 이는 역으로 노동 없이도 살 수 있는 곳을 유토피아로 그리고 있음을 알 수 있다.

서양 문화의 또 다른 출발지를 이루는 고대 그리스에서도 노동은 아주 홀대를 받았다. 그 시대를 대표하는 철학자인 아리스토텔레스는 인간의 행위를 세 가지로 구분한다. 노동 행위, 실천 행위, 이론 행위가 그것이다. 노동이란 인간의 육체를 보존하고 유지하는 행위, 즉 의식주를 해결하는 경제적 행위를 지칭한다. 이러한 행위는 주로 가정에서 이루어지며, 그런 점에서 노동은 사적인 문제를 해결하는 행위 양식이다. 경제라는 뜻의 Economy(이코노미)는 집을 나타내는 Oikos(오이코스)와 법칙을 나타내는 Nomos(노모스)의 합성어로서, 원래 가정 살림의 규칙 정도를 의미했다. 가정에서는 가장 사적인 의식주 문제를 해결하는 것이 가장 중요한 업무였는데, 이를 해결하는 활동을 노동이라 부른 것이다.

아리스토텔레스는 아테네의 시민으로서 성인 남성이 수행하는 행위를 '실천(상호작용)'이라 했는데, 이는 도시 국가인 아테네를 경영하는 행위를 말한다. 우리식으로 말하면 일종의 정치적 행위다. 아테네를 어떻게 이끌어갈 것인지 토론하고 결정하는 정치적 행위는 오로지 시민들에게만 허용된 행위로서, 사적인 삶에 매몰되는 것이 아니라 공적인 삶에 자신을 투신하는 보다 고귀한 행위다. 영어로 '사적인'을 의미하는 private의 명사형에는 privacy라는 말도 있지만 privation이라는 말도 있다. 후자는 '결핍', '결여' 등을 의미한다. 그리스 사람들이 사적 삶에 매몰된 삶, 즉 경제적 행위에 매몰된 삶, 노동만을 하는 삶을 인간적 삶의 결핍으로 이해한 데서 비롯된 말이다. 그리고 '공적인'을 의미하는 public은 도시국가를 의미하는 폴리스(polis)에서 유래한다. 아리스토텔레스는 '인간은 폴리스에서 비로소 인간이 된다', '폴리스가 먼저 있고 그다음 개인이 있다', '인간은 정치적 동물이다' 등, 유명한 진술들을 남겼다. 인간은 단순한 경제적 행위, 즉 노동에 의해 규정되는 것이 아니라 정치적 행위에 의해 규정된다는 뜻이다. 이 유명한 진술들은 폴리스에 참여하지 않는, 그저 사적 삶의 유지에 헌신하고 노동하는 인간은 인간이 아님을 의미하며, 인간은 공적인 삶의 영역에 진입함으로써 비로소 인간다운 인간이 된다는 것을 의미한다.

아리스토텔레스는 인간의 또 다른 행위 양식, 가장 고차적인 행위 양식을 거론한다. 바로 이론을 수립하는 학문 활동이다. 사람들은 일반적으로 이론과 행위를 구별하는데, 아리스토텔레스는 이론, 즉 학문 활동을 인간의 가장 탁월한 행위라고 한다. 사물(자연일 수도 있고 사회일 수도 있으며, 국가일 수도 있다)의 가장 내적인 본질을 탐구하는 학문 활동은 동물들의 세계에서는 전혀 발견되지 않고 인간에게서만 발견되는 이성적 활동이다.

이러한 분류를 통해 알 수 있듯이 고대 그리스에서도 노동은 가장 비천한 행위, 인간으로 취급되지 않던 노예들의 행위 양식으로 간주됐다. 사실 이러한 생각은 동양에서도 크게 다르지 않았다. 동양에서도 노동은 귀족의 몫이 아니라 평민이나 천민의 몫이었다. 그래서 많은 사람들은 노동이 없는 세상을 해방된 사회로 생각했다. 노동에 대한 이런 천시는 땀 흘리고 일하는 것을 고생이자 고통의 상징으로, 일이 없이 유유자적하는 것을 행복의 상징으로 보는 전통의 연속선에 있다. 사람들이 출세하고 부자가 되려는 이유는 그런 노동에서 해방되려는 욕망을 표현하는 것이었다. 어린 시절 농부나 노동자들을 보면서 "너도 공부 안하면 저런 일한다"고 훈계하던 어르신들의 이야기가 괜히 나온 것이 아니다. 인간의 사회적 유전자에 각인된 노동에 대한 오랜 천시를 드러낸 것일지 모른다. 하기야 과학 기술이 거의 발달되지 않은 상태에서 맨몸으로, 혹은 아주 원시적인 도구로 자연과 싸우는 노동은 얼마나 고통스러웠겠는가?

노동을 통한 부의 창출과 새로운 노동관

노동을 천시하는 문화는 현대사회의 출현과 더불어 새로운 양상으로 접어든다. 아니, 노동을 우대하지 않으면 안 되는 시대와 더불어 현대가 시작된다. 과학기술이 발전하면서 사람들은 이전에는 상상할 수 없을 정도의 질 좋은 물건들을 대량으로 만들기 시작했으며, 동시에 이 물건들을 소비할 사람들을 급속히 늘려갔다. 대량생산과 대량소비를 유지하기 위한 사회의 핵심에 노동이 자리하게 된 것이다. 이제 점차 노동의 가치를 긍정적으로 규정하기 시작한다. 노동을 긍정적으로 규정하지 않으면 사회의 급속한 변화를 유지하고 지탱할 수 없게 됐다. 어쩌면 현대사는 지금까지 천대받던 노동이 자신의 권리를 쟁취해가는 역사라 해도 과언이 아닐 것이다.

인간에게는 다양한 행위 유형이 있다. 그중 노동과 상호작용이 대표적이다. 노동은 대체로 자연 대상을 상대로 한 행위, 구체적으로 말하자면 자연 대상을 사용하기 위해 적절한 수단으로 가공하는 목적론적 행위다. 상호작용은 인간과 대상이 아니라 인간과 인간 사이의 행위 양식으로, 대체로 언어를 매개로 한 상호 이해의 행위다. 살펴보았듯이 전통적으로는 상호작용(정치적 행위)이 인간 행위의 원형으로 간주됐는데, 산업혁명이 노동을 인간 행위의 원형으로 격상시킨 결정적 계기를 제공했다. 산업혁명은 그때까지 발달해온 과학기술을 산업의 영역에 적용함으로써 발발할 수 있었다. 18세기 후반 영국에서 일어나 전 세계로 확산된 산업혁명은 인간의 물질문명을 급속도로 신장시켰으며, 노동에 대한 확고한 철학이 생겨나는 계기가 된다. 산업혁명의 출발이라고 여겨지는 증기기관의 발명은 생산량을 어떤 영역에서는 단기간에 수천 배로 증가시켰고, 생산물을 먼 지역까지 빠르게 나를 수 있는 교통 혁명을 가져왔다. 이렇게 대량으로 생산된 상품들은 전 세계로 퍼졌는데, 지난 200여년의 역사는 경제를 매개로 하여 전 세계가 하나의 촌으로 발전해간 과정이라 해도 과언이 아니다.

경제의 근간이 되는 노동은 현대인의 삶을 결정적으로 규정하는 자본주의 사회에서 중요한 가치를 획득하게 된다. 과거에는 부의 획득이나 증가가 세습이나 점령에 의한 것이었다면, 이 시기부터는 점차 노동을 통한 부의 증가가 일상화되어 노동이 거의 유일한 가치창출의 수단으로 존중된다. 예를 들어 현대사회를 이론적으로 설계한 대표적인 사상가 중한 명인 존 로크John Locke(1632~1704)는 노동이 모든 가치와 부의 원천이라는 노동가치설을 주창했으며, 이는 현대경제학을 수립하고 발전시킨 아담 스미스나 마르크스에게 그대로 수용되었다. 이제 노동은 모든 가치의 원천이다. 노동을 통하지 않은 소득과 부의 축적은 비판의 대상, 심지어 경멸의 대상이 된다.

이제 노동을 긍정적으로 평가하는 사상가들의 노동관을 살펴보자. 물론 이런 출현이 반드시 역사적 순서에 따른 것은 아니다. 여기서는 노동에 새로운 의미를 부여한 현대의 위대한 두 사상가의 노동관을 봄으로써 그 변화의 역사를 추적하고자 한다. 한 사람은 현대의 시작을 알리는 대개혁의 시기에 종교 지도자로 활동한 장 칼뱅Jean Calvin(1509~1564)이고, 다른 한 사람은 현대로의 질적 전환기를 살다 간 철학자 헤겔이다.

노동에 대한 새로운 통찰

종교 개혁을 이룬 칼뱅은 노동을 가장 중요한 행위 양식으로 여기게 되는 데 결정적인 역할을 수행한 자로 평가된다. 그의 대표적인 신학 이론인 예정론은 노동의 현대적 의미를 신학적으로 정당화하는 장치로 작용한다. 예정론이란 인간의 구원이 신에 의해 이미 태초부터 결정되어 있다는 이론이다. 이 이론은 자주 악명 높은 '운명론'으로, 혹은 기독교의 독선적 이론으로 폄훼된다. 하지만 이 이론은 운명론과는 아무런 상관이 없다.

예정론은 신의 절대성을 인정할 때 따라 나오는 자연스러운 이론이다. 신이 절대자라면 신은 시간과 공간에 의해 영향을 받지 않는 존재, 혹은 시간과 공간을 초월해 있는 존재임을 의미한다. 그렇다면 신은 시간과 공간에 속해 있는 모든 것에 대한 절대적 지식, 예컨대 과거와 현재와 미래에 관련한 모든 것을 알고 있어야 한다. 신은 시간을 초월해 있기 때문에 그에게 과거, 현재, 미래의 구분은 의미가 없다. 굳이 시간 개념을 대입하여 말하면, 신에게는 언제나 현재밖에 없다. 과거와 현재와 미래라는 개념은 시간 안에 속한 자에게만, 특히 인간에게만 구분되어 나타난다. 그런 점에서 신에게는 영원한 현재만 있는 것이다. 인간이 현재 자기 앞에 놓인 대상을 직관적으로 파악하듯이 신에게는 현재밖에 없기 때문에 모든 것을 직관을 통해 파악한다. 모든 것이 지금 앞에 있는 것을 보듯 분명하게 드러나 감춰진 것이 없다.

이런 점에서 신은 인간이 구원받았는지 알 수 있는 유일한 존재다. 예정론은 이러한 신의 절대성에 대한 신학 이론이자 신앙 고백이다. 구원은 신의 은총의 문제이며, 내가 구원 받을지의 문제는 신의 의지에 전적으로 달려 있기 때문에 어느 누구도 나의 구원을 단언할 수 없다. 그저 신자는 신의 구원을 받았다는 '믿음 속에서' 구원을 '확신하며' 사는 자이다. 이때 신자는 신으로부터 구원받았음을 스스로 확인하며 살아가야 한다. 칼뱅은 인간이 자신에게 주어진 일에 충성함으로써 그것을 확인할 수 있다고 했다. 그는 직업을 '신의 부름', 즉 소명(Calling, Beruf)이라고 했다. 노동을 그 누구의 강요가 아니라 부름받은 자가 신 앞에서 수행해야 하는 일로 간주한 것이다. 이제 노동은 고통의 상징이 아니라 구원받은 자가 스스로 그리스도인임을 확인하는 과정이다. "하늘은 스스로 돕는 자를 돕는다"는 격언은 바로 이런 칼뱅주의의 한 표현으로 생각할 수 있다. 20세기의 유명한 사회학자인 막스 베버Max Weber(1864~1920)에 따르면, 금욕주의적 노동관으로 구체화된 칼뱅의 예정론이 현대 자본주의사회의 직업윤리를 만드는 데 결정적인 역할을 했다.

칼뱅이 신학적 관점에서 노동에 중요한 의미를 부여했다면, 헤겔은 역사철학적 관점에서 노동에 중대한 의미를 부여한다. 《정신현상학》에 나오는 그의 유명한 '주인과 노예의 변증법'은 노동하는 자가 역사의 실질적 주인임을 보여준다. 이 변증법은 자연 상태에서 마주한 두 사람의 관계에서 시작한다. 자연 상태는 사회가 아직 형성되지 않은 상태로서, 자연의 법칙 외에 따라야 할 다른 법이나 도덕 혹은 규칙이 없다. 따라서 사람들은 야생의 동물이 그러하듯 스스로 자신의 삶을 책임져야 한다. 자연 상태에서 마주친 두 사람은 서로를 경계할 것이고 경우에 따라 상대를 멸하지 않으면 안 된다. 둘은 생사를 건 투쟁에 돌입하는데, 한쪽이 죽어야 그 투쟁은 끝난다. 이런 소모적 전쟁은 삶의 양식에 어떤 변화도 가져오지 않으며, 언제나 동일한 방식의 약육강식과 적자생존만이 지속될 것이다. 즉 한쪽의 죽음으로 끝나는 투쟁은 영원한 자연 상태만을 지속시킬 뿐, 문명과 문화는 발전할 수 없다.

하지만 언젠가 죽음을 두려워하여 살려주기만 하면 모든 것을 하겠다는 사람이 나타날 수 있다. 이 경우 투쟁은 끝난다. 하지만 죽음을 두려워한 사람은 노예가 되고 목숨을 건 사람은 주인이 된다. 상대를 소멸시키는 대신 상대의 자립성을 빼앗는 것으로 싸움이 끝날 때 주인과 노예 관계가 생기며, 이때부터 진정한 의미의 역사가 시작된다. 즉 자연 상태에서 벗어나, 말하자면 동물의 상태에서 벗어나 인간의 역사로 진입하는 것이다.

자립성을 빼앗긴 자는 노예가 되어 주인을 위해 노동을 수행한다. 그는 자연에서 얻은 대상을 자신을 위해 사용하는 것이 아니라 주인이 사용하기 적합하도록 가공하는 일을 한다. 즉 노동을 한다. 그런데 노예의 이 가공 기술은 자연 대상을 지배하는 기술의 발전을 가져온다. 따라서 노동하는 노예는 자연을 지배하여 인간에게 유용한 것으로 만든다. 자연을 인간화시키는 문명 발전의 실질적 주체가 되는 것이다. 그리고 주인은 노예의 노동의 결과를 향유하기는 하지만 자연 대상에 대한 지식을 전혀 갖지 못하기 때문에 결국 자신의 가장 사소한 것에 이르기까지 노예에게 의존해야 한다. 말하자면 이제 주인은 노예에 예속된 자, 즉 노예의 노예가 된다. 역사는 아이러니하게도 노동을 담당한 노예에 의해 진보한다는 헤겔의 이 설명은 노동에 대한 인간의 인식이 어떻게 바뀌었는지 보여준다. 가장 천대받던 행위인 노동이 실제로는 역사의 동력이었다고 설명함으로써 노동의 권리, 나아가 현대의 노동가치설이 힘을 얻게 된다.

노예의 노동은 자연을 자유롭게 다루는 기술의 발전만 가져온 것이 아니다. 이는 또한 주체 의식의 진보, 사상의 진보를 가져왔다. 노예는 죽음이 두려워 주인에게 굴복한 자이기에 원천적으로 죽음의 공포를 가지고 있다. 그래서 자연에 대한 자신의 진전된 지배 행위에도 불구하고 삶의 실질적 주인으로 곧바로 나아가지 못한다. 그의 주인의식, 자유의식은 처음에 사유 혹은 사상을 통해 획득된다. 말하자면 헤겔은 기술의 진보뿐 아니라 사상의 진보도, 문명의 발달뿐 아니라 문화의 진전도 바로 이 노동에 의해 획득된다고 함으로써 노동에 대한 전혀 새로운 시야를 확보한 것이다. 그렇다면 실제로 노동은 어떤 성질을 가지며 그 본질은 무엇인가?

노동의 본질은 무엇일까?

그렇다면 노동이란 무엇인가? 현대의 많은 사상가들은 노동을 가장 인간적인 행위로 간주한다. '호모 파베르(노동하는 인간)'는 오래된 개념인 '호모 사피엔스(사유하는 인간)'보다 더 중요하게 간주되기도 하는, 인간에 대한 현대의 새로운 규정이다. 이 말은 노동이 인간을 여타의 존재와 구별하는 가장 핵심적인 규정이라는 것을 뜻한다. 즉, 인간만이 노동한다는 것이다. 도대체 이는 무슨 말인가? 동물들도 몸을 유지하기 위해 노동하지 않는가?

생명체는 자신의 생물학적 삶을 유지하기 위해 활동한다. 그런데 인간이 자신의 생물학적 삶을 유지하는 방식은 여타 동물들과 다르다. 동물들이 본능에 따라 활동한다면 인간은 본능적 활동 외에도 노동이라는 경제적 행위에 의지하여 삶을 유지한다는 점에서 차이가 있다. 예컨대 동물은 배고플 때 대상을 없애는 방식으로 자신의 욕구를 즉각적으로, 유보 없이 만족시킨다. 하지만 노동하는 인간은 욕구를 즉각적으로 충족시키는 것이 아니라 자연의 대상을 사용하기 좋게 가공하는 작업을 거친다. '대상의 인간화'라는 우회적 방식으로 욕구를 충족시키는 것이다. 말하자면 노동은 자연 대상을 직접적으로 소비하는 것이 아니라 대상에 노동하는 자의 의지를 투영하는 가공의 과정을 거친다. 예를 들어 사람이 집을 짓는 노동을 수행한다고 할 때 인간은 자연의 대상을 이용하지만, 그 대상들을 자신의 의도에 맞게 변형시키고 가공하여 자신의 의지를 그 자연물에 각인한다. 인간은 더 이상 자연적으로 주어진 동굴에 거하지 않으며, 자연 속에 널브러진 재료들로 쌓아 올린 둥지에 살지도 않는다. 인간은 자신의 의도를 실현하기 위해 자연에서 발견한 재료를 가공한다.

여기서 노동에 대해 적어도 두 가지 점을 지적할 수 있다. 첫째, 욕구의 유보는 자연을 다루는 기술의 축적을 가능하게 한다는 것, 그리고 이를 통해 자연에 대한 지배의 강화와 문명의 발달이 가능해진다는 것을 들 수 있다. 둘째, 노동하는 자는 대상에 자신의 의지를 각인시킴으로써 자신을 객체화할 수 있다. 자신의 내면을 대상에 각인하는 것, 이것을 우리는 자기실현이라 한다. 즉 노동은 자기실현의 가장 중요한 계기를 제공한다.

노동이 기술 문명의 발달과 자기실현의 계기를 부여한다는 이유로 노동은 현대사회에서 결정적으로 중요한 행위 양식으로 존중된다. 그런데 우리 사회에서는 노동에 대한 인식이 아직도 전통적 방식에 묶여 있다는 것을 알 수 있다. 노조를 설립하는 것에 대해 부정적 인식이 있으며, 노조 가입을 주저하는 노동자들의 태도가 이를 잘 보여준다. 또한, 전 세계적으로 5월 1일을 '노동절(Labor Day, 혹은 May Day)'로 지키고 있는데 우리나라는 '노동절'이라 하지 않고 굳이 '근로자의 날(Workers' Day)'이라고 명명하는 것은 노동을 정면으로 응시하지 못하는 우리 문화의 한 단면을 보는 것 같다. 또한 노동이 일차적 삶을 보존하는 계기로서만이 아니라 자기실현의 결정적 계기라는 중대한 의미를 부여받았음에도 불구하고 우리 사회에는 노동의 기회가 원천 봉쇄된 사람들이 너무나 많다. 이는 노동을 대하는 우리의 인식과 태도에 얼마나 문제가 있는지를 보여준다. 노동유연성이라는 이름으로 노동자들을 쉽게 해고하는 사용자들과, 이런 사용자들의 요청을 받아들여 해고법을 만드는 정치가와 관료 집단은 노동의 현대적 의미를 심각하게 고려하지 않고 있는 것이다. 노동의 상실과 인간적 삶의 상실이 거의 동일시되는 사회에서 우리는 노동을 너무 쉽게 취급하고 있지는 않은지 자문해야 한다.

노동의 한계와 상호작용의 중요성

노동을 이처럼 홀대하는 현상은 우리나라만의 문제는 아니다. 20세기 후반에 들어, 노동은 전 세계적으로 확실히 이전보다 중요성을 덜 인정받는 분위기다. 가장 중요한 이유는 급속한 자동화와 기계화, 나아가 제4차 산업혁명을 들 수 있다. 18세기 영국에서 시작해 농업경제에서 산업경제로의 전환을 이룬 것을 제1차 산업혁명이라 한다. 그리고 20세기 초 표준화를 통해 대량생산을 가능하게 한, 포드시스템으로 대표되는 시기를 제2차 산업혁명이라 하며, 70년대 이후 정보화에 의한 세계화를 제3차 산업혁명이라 한다. 그런데 현재 진행되고 있는 제4차 산업혁명은 지금까지의 혁명들과는 질적으로 다르다. 이 혁명이 어느 정도 완수되면 지난 수천 년, 혹은 수만 년 지속되어온 인간의 삶의 양식은 완전히 바뀔 것이다. 이 혁명은 그동안 인간의 생물학적 삶을 유지하기 위한 핵심 활동으로 여겨지던 노동을 인간에게 더 이상 의미 없는 것으로 만들어버리면서도, 생산성과 생산량을 거의 무한히 증가시킬 것이다. 현대자본주의의 큰 문제 중 하나는 소비의 급격한 감소다. 과거에는 식민지 개척이나 새로운 시장 개척으로 생산력의 증가를 흡수했는데, 이제는 그런 여력이 없어졌다. 인공지능 기계들이 생산을 담당하게 되면서 생산은 기하급수적으로 증가했지만 사람들은 대부분 노동할 수도, 할 필요도 없게 되며, 따라서 소비할 재원도 없어진 것이다. 소비의 활성화만이 현재의 생산력을 흡수할 수 있는 거의 유일한 길임에도 불구하고 소비할 주체가 없다. 아마도 제4차 산업혁명과 더불어 노동은 더 이상 그 결정적 지위를 유지하지 못할 가능성이 많아졌다. 노동을 상실한 자가 한갓 실업자로 전락하게 되는 지금과 같은 삶의 양식이 지속된다면 사회 전체는 결국 공멸할지도 모른다.

바로 이런 이유로 인해 한 국가의 노동 정책을 입안하는 정치가 매우 중요하다. 노동이 인간과 (자연) 대상의 관계에서 발생한다면, 정치는 인간과 인간의 관계에서 일어난다. 노동이 어떻게 하면 대상을 잘 다룰 것인가를 묻는 것이라면, 정치는 사람들 사이의 관계 문제를 묻는 것이다. 그래서 노동이 대상을 특정한 수단(기술)으로 목표 지점에 효과적으로 다가가게 하기 위한 목적론적 행위의 전형이라면, 정치는 사람들 사이의 상호작용을 원활하게 하는 데 그 본질이 있다.

물론 이 두 행위, 즉 노동과 상호작용이 완전히 분리된 것은 아니다. 예를 들어 노동을 어떻게 볼 것인지에 대한 정치적 논의가 가능하다. 이는 노동 정책으로 나타난다. 정치가 노동 정책을 입안하기도 한다는 점에서 어떤 측면에서는 상호작용의 행위가 목적론적 행위보다 더 중요할 수도 있다. 우리나라에서는 얼마 전까지도 정치가 경제를 위해 존재한다고 노골적으로 말했다. 그러나 경제와 사회 환경이 변화하면서 경제 영역에 대한, 특히 노동에 대한 정치적 처방의 중요성이 커지고 있다. 상호작용(정치적 행위)을 노동(경제적 행위)에 종속시키는 현대의 패러다임은 바꿔어야 할지 모른다. 아니, 제4차 산업혁명이 현실화되는 가운데 노동을 가장 중요한 행위 양식으로 보았던 그간의 패러다임이 바뀔지 모른다. 어쩌면 호모 파베르가 호모 사피엔스를 대체했듯이, 노동 없는 사회로 나아가는 상황에서 호모 루덴스Homo Ludens(유희의 인간)가 호모 파베르를 대체할지도 모른다. 이러한 전망은 노동의 문제를 새로운 시각에서 보게 한다. 하지만 미래의 삶이 어떻게 변화되든, 현재 우리는 여전히 노동에 의지하지 않을 수 없으며 노동의 부재가 곧 삶의 결핍으로 이해되는 사회에 살고 있다. 행위 패러다임이 어떻게 변화되든지 간에 오늘날도 여전히 노동이 삶의 지속을 위한 중심적 방편이라면, 구성원 모두에게 노동의 기회를 주는 것은 우리 시대에 가장 중요한 과제라 할 수 있다.

함께 읽으면 좋을 책들 ●————————————————

《노동》, 콘라트 파울 리스만, 만프레트 필사크 지음, 윤도현 옮김, 이론과실천, 2014.
세계사를 규정하는 10대 핵심 개념 중 하나로 선정된 노동을 다루는 작은 책자로서, 고대에서 현대에 이르는 노동 개념의 변천과 이 개념을 둘러싼 현대의 쟁점을 다룬다. 이 책은 현대사회, 특히 우리사회를 노동의 시각에서 새롭게 볼 수 있는 시각을 제공할 것이다.

《노동, 성, 권력》, 윌리 톰슨 지음, 우진하 옮김, 문학사상사, 2016.

문명의 역사가 노동과 성과 권력에 의해 이루어졌다는 시각에서 역사를 재조명한다. 역사는 여러 우여곡절에도 불구하고 합리성 혹은 정의가 승리하는 과정이었다는 대체적인 시각과 달리, 이성의 이름으로 통제되고 비이성으로 단죄됐던 요소들이 역사를 이끈 실제적 힘이라는 것이다. 합리성의 진전 이면에 흐르는 어두운 힘을 볼 수 있게 하는 책이다.

욕망

욕망은 우리의 본질일까?

욕망이란 무엇인가?

"나에게 이런 욕구가 있어", "나에게 이런 욕망이 있어", "나는 이것을 소망해" 등은 내가 가지고 있지 않은 것을 가지고자 하는 어떤 심리 상태를 표현하는 것이다. 말하자면 일상 언어에서 욕망(desire), 욕구(need), 소망(hope) 등은 크게 구별되지 않고 사용된다. 이는 우리에게만 그런 것이 아니고 서양에서도 마찬가지다. 이 언어들은 모두 '결핍'을 의미하며, 결핍을 충족하기 위한 어떤 운동을 유발한다. 하지만 오늘날 욕망 이론이 철학과 심리학 등에서 중요한 이론으로 부상하면서 개념들 사이의 관계가 좀 더 분명해졌고, 덕분에 인간에 대한 폭 넓은 이해가 가능해졌다.

(이에 대해서는 뒤에서 설명할 것이다.)

　욕망이라는 단어는 우리에게 대체로 부정적인 의미로 사용된다. "그 사람은 욕망덩어리야!" 혹은 "그 사람은 욕망이 강해!"라는 말은 그가 돈이나 섹스, 혹은 권력만을 추구하는 인간이라는 경멸적인 표현이다. 이 말은 또한 과도한 사치로 자신을 드러내는 자들을 비난하기 위해 사용되기도 한다. 이 말에는 인간이 욕망 이상의 존재, 예컨대 이성적 존재, 영적 존재, 도덕적 존재라는 의미가 담겨 있다. 또한 욕망은 인간을 인간 이하로, 혹은 동물적 존재로 머물게 하는 인간의 자연성이라는 가치평가가 담겨 있기도 하다. 여기에는 본성과 이성, 자연성과 영의 대립이 전제된다.

　인간은 욕망 없이는 살 수 없고, 또 대체로 욕망에 따라 살고 있음에도 불구하고 욕망에 대한 우리의 태도가 부정적인 이유는 무엇일까? 위대한 철학과 종교, 그리고 도덕적 가르침들이 일반적으로 욕망을 부정적으로 평가해왔기 때문이다. 삶의 규범을 제시하고 이끌어왔던 학문과 도덕, 제도가 욕망을 이렇게 부정적으로 묘사했기 때문에 인간의 사회적 유전자에 욕망에 대한 부정적 인식이 각인됐다. 이런 상황에서 감히 어떻게 욕망을 정면으로 응시할 수 있었겠는가?

　욕망을 부정적으로 평가한 데는 여러 이유를 꼽을 수 있다. 하나는 인간의 행복이 욕망 충족으로 이뤄질 수 없다는 것이다. 혹은 인간의 욕망은 결코 만족될 수 없다는 도덕적 근거에서 비롯된다. 다른 하나는 인간은 자연의 법칙에 무의식적으로 따라 살 뿐인 여타의 동물과 구별되는 존재라는 선민의식이다. 오래전부터 인간의 삶을 이끌어온 고등종교는 대개 욕망 충족을 통한 행복에의 도달을 아주 부정적으로 평가했다. 불교는 욕망이 행복이 아니라 고통의 원인이며, 참된 행복에 도달하기 위해서는 욕망을 충족시키는 것이 아니라 제거해야 한다고 가르친다. 우리가 고무 풍선에 물을 채울 때 물이 들어간 만큼 풍선이 늘어나기 때문에 결코 풍선에 물을 가득 채울 수 없듯이, 욕망 역시 결코 가득 채울 수 없다. 따라서 채움으로써 만족에 이르지 못할 바엔 차라리 비움으로써 만족에 도달해야 한다는 것이다. 이렇듯 욕망은, 콩쥐가 밑 뚫린 항아리에 아무리 물을 길어 부어도 물이 항아리에 채워지지 않았던 것과 같이 아무리 채워도 결코 채워질 수 없는 텅 빈 공간과도 같다. 실제로 우리가 욕망을 채우기 위해 아무리 노력해도 우리는 아주 잠깐 만족할 뿐 새로운 욕망을 느끼지 않던가? 이러한 설명이 욕망을 부정적으로 보는 전통적인 견해다.

절제의 대상으로서의 욕망

욕망에 대한 부정적인 태도는 종교나 도덕에서만 있었던 것이 아니다. 철학 역시 전통적으로 욕망에 대해 아주 부정적이었다. 서양철학의 출발을 알리는 플라톤도 이런 경향을 극명하게 드러낸다. 서양철학 전체가 '플라톤의 주석'이라고 말할 정도로 플라톤은 서양철학의 방향을 설정한 위대한 자로 간주된다. 그의 욕망 이론은 서양철학사에서 변화를 겪긴 하지만 그 골격은 오랫동안 유지된다.

플라톤에 의하면 인간은 육체와 영혼으로 구분되고, 영혼은 다시 이성, 기개, 욕망으로 나뉜다. 플라톤은 '인간의 육체는 영혼의 감옥'이며, '죽음은 육체의 감옥으로부터 영혼이 해방'하는 것이라고 할 만큼 육체에 대해 부정적인 태도를 취했다. 그리고 영혼이 이처럼 삼분되어 있다고 해서 이 세 부분이 동등한 지위를 갖는 것은 아니라 했다. 이성은 영혼의 가장 순수한 부분이고, 기개와 욕망은 인간이 육체를 가지고 있기에 생기는 영혼의 열등한 부분이다. 인간은 동물에게도 공유되는 기개나 욕망 때문이 아니라 인간에게만 있는 이성 때문에 독보적 지위를 인정받으며, 그래서 인간은 이성적 존재라고 불린다. 플라톤은 기개와 욕망이 이성의 인도를 받아야 행복하며, 또 자신을 온전히 실현할 수 있다고 한다.

그의 유명한 저서 《국가》에서 플라톤은 인간의 영혼을 두 마리의 말과 한 사람의 마부가 이끄는 마차에 비유한다. 두 말은 각각 기개와 욕망을 상징하고 마부는 이성을 상징한다. 두 말이 마부의 인도를 받아 좌나 우로 치우치지 않고 정면을 응시하고 갈 때 마차는 흔들림 없이 목적지에 도달할 수 있다. 두 말이 각자의 고집대로 가고자 하면 마차는 정상적인 운행을 하지 못할 것이다. 이성이 자신의 능력을 최고로 발휘한 상태는 지혜이고, 기개의 최고 상태는 기개가 이성의 인도를 받은 용기이며, 욕망의 최고 상태는 욕망이 이성의 인도를 받은 절제다. 플라톤은 인간 영혼의 이 세 측면이 조화를 이룰 때 올바른 상태, 즉 정의로운 상태라 했다. 그리고 지혜, 용기, 절제, 정의를 4원덕이라고 불렀다.

그의 영혼 삼분설은 이상적 국가를 설명하는 데에도 그대로 적용된다. 그가 구상하는 이상적 국가란 이성이 뛰어난 자, 즉 지혜를 미덕으로 하는 자가 통치자가 되며, 용기를 미덕으로 하는 자가 수호자, 그리고 절제를 미덕으로 하는 자가 생산자가 되는 구조를 가진 국가다. 이렇게 잘 구분된 국가를 그는 정의로운 국가라 했다.

여기에서 보듯 욕망은 인간의 한 부분으로서 충족의 대상이 아니라 언제나 이성에 의해 통제되고 절제되어야 하는 것으로 이해되었다. 고대 철학에서 욕망에 대해 가장 긍정적인 의미를 부여한 에피쿠로스 학파도 오늘날 우리가 아는 것과는 달리 욕망 충족을 통한 행복에의 도달을 그리 긍정적으로 평가하지 않았다. 쾌락주의로 알려진 이 학파가 최고의 쾌락 상태를 아타락시아ataraxia라고 부른 것을 보면 이를 알 수 있다. ataraxia에서 a는 부정의 접두어이고, taraxia는 흥분, 흥겨움 등을 의미하는 명사다. 따라서 아타락시아는 흥분하지 않는 상태, 들뜨지 않은 상태를 말한다. 말하자면 우리의 진정한 쾌락(아타락시아)은 미식가의 포만과 충만에서 오는 동적인 쾌락이 아니라 배고픔이 없는 상태, 즉 무쾌락이라는 정적인 쾌락의 상태다. 그들이 이러한 무쾌락을 쾌락의 최고 상태로 본 이유는 이 쾌락이 가장 오래 지속되기 때문이다. 전통철학에서 욕망에 대해 가장 긍정적인 태도를 취한다고 알려진 에피쿠로스 학파까지도 이렇게 욕망 충족에 부정적 인식을 보였음을 알 수 있다.

인간의 본성으로서의 욕망

근대철학에서도 욕망은 대체로 부정적으로 평가된다. 근대를 대표하는 데카르트와 칸트 역시 욕망에 관한 한 전통적 사고에서 크게 달라지지 않았다. 하지만 근대에 들어 욕망에 대해 점차 긍정적인 입장이 등장하기 시작한다. 가장 대표적인 사람이 스피노자Spinoza(1632~1677)다. 현대의 포스트주의(포스트모더니즘, 포스트구조주의, 포스트맑스주의 등)자들은 욕망에 대해 다양하고 긍정적인 시각을 보여주는데, 이들이 스피노자를 주요한 참조점으로 이용하는 것은 그리 놀라운 일이 아니다.

스피노자는 철학사적 관점에서 합리론자로 분류된다. 합리론이란 자연이 수학적, 물리적 내지 생물학적 법칙으로 구성되어 있다고 믿는 사조다. 이 사조의 논리에 따르면 자연에는 자연의 법칙이 철저하게 관철될 뿐 의지의 자유니, 정신의 창조성이니 하는 것은 하나의 허구에 불과하다. 의지는 언제나 의지 주체의 환경이나 심리 상태에 의존하기 때문에 진정한 의미의 자유일 수 없고, 정신 역시 그런 조건들에 영향을 받기 때문에 진정한 창조자일 수 없다. 창조라는 말을 굳이 해야 한다면 모방을 통한 제2의 창조라고 해야 할 것이다. 자연이 자연법칙에 의해 지배된다고 보는 자연관을 '기계론적 자연관'이라 한다. 기계가 아무런 목적 없이 그저 주어진 프로그램에 따라 움직이듯이, 자연 역시 어떤 특정한 목적을 내장하고 있는 것이 아니라 자기 보존이라는 맹목적인 법칙에 따라 움직인다. 이는 고대와 중세의 자연관으로 특징지어지는 목적론적 자연관과 구별된다. 목적론적 자연관이란 자연과 그 안에 내재한 사물들에는 기계적으로 계산할 수 없는 특정한 목적, 예컨대 기독교에서 말하듯이 신의 영광을 드러내기 위한 목적이 내재한다는 입장이다.

데카르트는 합리론의 창시자이긴 했으나 목적을 정립하는 정신과 스스로를 창조하는 토대가 되는 자유의 개념을 포기하지 않았다. 그래서 수학적 법칙이 지배하는 자연의 영역 외부에 정신의 영역이 있음을 인정하는 이론을 만들었다. 그런 점에서 정신과 자연은 전혀 별개의 것이며, 인간은 정신과 자연으로 이뤄져 있다 했다. 인간의 육체와 육체로 인해서 생겨나는 충동, 욕망, 감정 등은 모두 자연에 속하는 열등한 것이며, 이성적 통찰 능력, 신앙심, 도덕법 준수 의지 등은 모두 정신 영역에 속한다고 보았다. 인간의 본질은 사유이기 때문에, 정신(사유)이 육체(욕망 등)를 지배하는 것이 당연하다는 전통적인 금욕주의적 윤리가 데카르트에게도 지속된다.

그러나 데카르트를 계승한 스피노자는 데카르트보다 더 철저한 합리론자였다. 즉, 존재하는 것은 자연 이외에 아무 것도 아니며, 따라서 신이라는 정신적 실체 역시 사실은 자연과 다르지 않다는 것이다. 스피노자에게 신은 곧 자연이다. 이 말은 신이 전통적으로 생각했듯이 철저히 능동적이기만 한 것이 아니라는 것, 그리고 자연이 수동적이기만 한 것이 아니라는 것을 의미한다. 자연의 능동적 부분을 신이라 할 수 있고, 신의 수동적 부분을 자연이라 할 수 있다는 것이다. 즉 자연(혹은 신)은 그 자체로 능동적이면서 수동적이라는 것을 의미한다. 이때 능동적이라 함은 자연을 유지하는 힘이 자연 자체에 있다는 것이며, 수동적이라 함은 자연이 자신을 지배하는 법칙에 의존한다는 것을 의미한다. 스피노자에게는 자신을 지배하는 능동적 힘과 자신이 따라가는 수동적인 힘이 그렇게 엄격하게 구분되는 것이 아니었다.

이제 존재하는 모든 영역에는 자연의 법칙이 지배하며, 따라서 데카르트가 자유를 위해 유보했던 정신이라는 영역이 하나의 독립적 영역, 즉 실체로 존재한다고 하는 것은 하나의 가상일 뿐이다. 말하자면 인간을 자연과는 다른 독특한 존재로 만들었던 정신 혹은 사유의 영역의 독자성과 이로부터 나오는 의지의 자유라는 것도 하나의 가상일뿐이다. 인간이 자연의 일부라면, 지금까지 인간의 정신성과 이성적 능력의 이름으로 부정적으로 평가되던 인간의 자연성, 즉 욕망은 인간의 본질을 이루게 된다. 그래서 스피노자에게 인간의 본질은 사유나 로고스, 정신이 아니라 욕망이다. 욕망은 정신의 능동성과 자연의 수동성을 모두 갖춘 능력으로서, 이제 욕망 충족을 부정적으로 보는 대신 욕망이 인간의 삶을 어떻게 더 건강하게 하고 생동성을 증대시키는지의 문제로 탐구의 초점이 이동하게 된다.

욕망이라는 자연성이 인간의 본질을 이룬다면 여기에도 자연에 내재한 법칙이 작동하게 된다. 자연의 일차적 특성은 자기 보존의 법칙이다. 자기 보존의 법칙은 자연 안의 모든 존재가 자신의 현상태를 유지하려는 힘으로 나타난다. 이 힘을 스피노자는 코나투스conatus라고 불렀다. 이 코나투스가 물리적 대상에 적용되면 움직이는 물체는 계속 움직이려 하고, 멈춰 있는 물체는 계속 멈춰 있으려고 하는 관성으로 나타난다. 이

관성의 힘은 현재의 상태를 변형시키는 다른 물체의 힘이 작용할 때까지 지속된다. 그리고 이 코나투스는 생명체에서도 자기 보존의 힘으로 나타난다. 생명체는 그 본성상 계속 생존하고자 한다. 코나투스는 생명을 보존하고자 하는 힘이다. 그리고 욕망은 코나투스가 발현된 특수한 형태다. 물론 코나투스가 자기 보존의 힘이긴 하지만 그 발현태인 욕망이 언제나 생명체의 자기보존에 공헌하는 것은 아니다. 경우에 따라 생명력을 감소시키는 방식으로 욕망이 발현될 수도 있다.

물리적 대상은 스스로 움직이는 것이 아니라 어떤 다른 대상의 작용에 대해 반작용으로 운동하게 된다. 멈춰 있는 당구공이 스스로 움직이는 것이 아니라 다른 당구공에 의해 움직이는 것과 같다. 따라서 모든 자연 대상은 독자적으로 움직이는 것이 아니라 타자에 의존적인 움직임을 갖는다. 작용은 특정한 반작용을 낳고, 이 반작용이 다시 작용으로서 다른 반작용을 낳는 연쇄가 곧 자연 현상이다. 이때 작용은 능동적인 힘이고 반작용은 수동적인 힘인데, 이 두 힘은 하나의 힘의 다른 두 측면으로 간주될 수 있다. 움직이는 대상이 다른 힘에 의해 정지하듯이 생명체의 자기 보존의 힘인 욕망 역시 외부의 특정한 작용에 의해 발현되는데, 이 욕망은 생명력을 강화할 수도 있고 감소시킬 수도 있다.

여기서 두 가지 사실을 지적할 수 있다. 인간 역시 자연의 일부로서 자연의 법칙에 종속되며, 따라서 자유라는 것은 가상에 불과하다는 것이다. 사람들은 자신이 하는 욕망을 의식하기는 하지만 그 욕망이 왜 생겼는지, 욕망을 발생시킨 원인이 무엇인지 모르기 때문에 마치 자신이 자발적으로 특정한 것을 욕망한다고 착각한다. 즉, 전통적으로 이성적 인간을 특징지었던 자유 의지는 원인을 알지 못한 욕망에 붙여진 이름에 불과하다. 누군가에 의해 떨어뜨려지는 돌은 자신이 누군가에 의해 떨어뜨려졌다는 사실을 모를 때 스스로 떨어지고 있다고 착각하며, 배고픈 아이는 배고픔 때문에 울고 있음에도 자유롭게 울고 있다고 착각할 수 있다.

둘째는 인간의 욕망이 타자와의 관계에서 생겨나는 것이라면 인간의 생명성과 역량을 강화시키는 긍정적 욕망을 만들어내기 위해서는 그러한 욕망을 만드는 환경과 조건이 중요하다는 것이다. 주체를 둘러싼 특정한 조건과 환경은 특정한 욕망을 만들어낼 것이기에 그 욕망이 주체의 역량을 강화시킬 수 있는 환경의 창조, 특히 사회문화적 환경의 창조가 중요하다. 이렇듯 욕망은 어떤 행위 주체의 자의적인 힘이 아니라 타자와의 관계에서, 즉 특정한 매커니즘으로부터 발생한다는 것을 알 수 있다.

정신분석학에서의 욕망

정신분석학은 오늘날 인간의 욕망에 대해 철학적이고 과학적인 설명을 제시한다. 이에 따르면 욕망이야말로 인간을 인간으로 만드는, 말하자면 인간을 자연에서 벗어나 인간적 세계를 만들게 하는 핵심 요소다. 사유의 역사는 서양에서 욕망의 권리 획득의 과정이라 해도 과언이 아닐 것이다. 욕망을 비인간적인 것으로 간주하던 것에서 인간성을 표현하는 핵심으로 간주하는 과정으로 사유가 발전했다고 평가할 수 있을 것이기 때문이다. 지그문트 프로이트Sigmund Freud(1856~1939)의 무의식 이론이 이를 잘 보여준다. 태아는 엄마와의 일체감 속에서 성장하는데, 갓 태어난 아이 역시 그런 일체감 속에서 살아간다. 이 아이가 엄마의 젖을 빠는 것은 타자의 젖이 아니라 자신의 일부를 빠는 것과 다르지 않다. 하지만 어떤 상황에서 아버지가 엄마와 아이를 떼어내는 강력한 힘으로 작용한다. 엄마와의 일체감이 아버지에 의해 제어되면서, 아이는 아버지에 대한 공포와 미움으로, 동시에 더 이상 일체가 될 수 없는 엄마와의 합일을 영구히 꿈꾸는 자로 살아간다. 아버지를 죽이는 것과 엄마와 하나되는 것은 인간 세계에서 금기이며, 혹은 인간은 그 사태를 금기로 받아들이기 때문에 파괴와 합일이라는 이 근원적 열망은 아이 자신의 내면에 무의식적으로 장착된다. 자신에게도 의식되어서는 안 되는 이 현상을 프로이트는 '오이디푸스 콤플렉스'라고 부른다. 자신도 모른 채 아버지를 죽이고 어머니와 결혼한 고대 그리스 비극의 주인공 오이디푸스 왕의 이야기에서 따온 이름이다. 파괴와 사랑(생산), 즉 타나토스와 에로스라는 두 힘이 인간 무의식의 심층을 이루고 있으며, 인간의 욕망의 본질을 형성한다는 것이다. 인간의 이 근원적 열망은 인간에게 금기이기 때문에 직접적으로 충족되어서는 안 되고 또 될 수도 없다. 따라서 인간은 대체물로 이 욕망을 대신하여 충족하고자 한다. 하지만 이것이 대체물인 이상 그 본원적 욕망은 결코 충족될 수 없고 언제나 미끄러질 뿐이다.

프로이트는 인간의 자기(self)가 자아(ego), 초자아(superego) 그리고 이드id(충동, 욕동)로 구성되어 있다고 했다. 이때 자아는 의식과 대체로 일치하고 초자아와 이드는 무의식과 일치하는데, 이드는 (어머니와의) 근원적 합일의 욕동이고, 초자아는 그런 비인간적인 합일의 욕동을 금지하는 사회적 힘(아버지)이 내면화된 것이며, 자아는 근원적 욕동을 사회적으로 용인되는 방식으로 완화하여 충족시키는 자기 안의 한 심급(agency)이다. 다른 사람에 대한 사랑, 예술 활동, 학문 활동, 종교 행위 등, 인간이 동물과 다른 방식으로 수행하는 삶의 양식은 모두 근원적 욕동을 충족시키는 우회적인 방식들이다. 근원적 욕동을 충족할 수 없기에 생겨난 영원한 갈망으로서의 욕망이야말로 문명과 문화의 발달을 가져오게 하는 힘이다.

프로이트는 인간 개별자의 심리적 성장 과정이 사회 혹은 사회에서 제시된 규범들을 인간이 내면화하는 가운데, 인간의 특정한 자연적 욕구가 억압되어 무의식적 욕망으로 이행하며, 이를 통해 동물의 세계에서는 발견되지 않는 독특한 인간의 도덕성과 사회성이 생산, 재생산되고, 크게는 문명이 전개된다는 사상을 전개했다. 이러한 생각을 현대의 언어학, 특히 구조주의 언어학과의 연관에서 좀 더 과학적으로 진전시킨 사람이 자크 라캉Jacques Lacan(1901~1981)이다.

라캉은 인간의 심층 심리를 이해하기 위해 상상계, 상징계 그리고 실재계라는 개념 장치를 사용함으로써 정신분석학을 심화시킨다. 상상계란 유아기의 단계에 귀속되는데, 세상을 오로지 자기중심적으로 보는 단계다. 어린아이는 세상을 오로지 자기 시선으로만 보며, 따라서 자기를 객관적으로 볼 수 있는 눈이 성장하지 않은 단계에 있다. 아이는 자기만의 방식으로 자신의 욕구를 채워나간다. 여기서 욕구란 식욕, 성욕 등 자연적 충동을 일컫는다. 이 단계의 아이는 생물학적으로는 인간이지만, 아직 문화적, 사회적 존재로서의 인간은 아니다.

하지만 아이는 자라면서 욕구(need)충족을 위해 칭얼거리기만 해서는 안 된다는 것을 알게 된다. 즉, 아이는 욕구를 충족하기 위해 특정한 요구(demand)를 하게 된다. 이 요구는 사회적으로 용인되는 방식, 타자로부터 인정받는 방식, 즉 상징적 질서의 테두리 안에서만 제기되어야 한다. 이때 가장 기본적인 질서 혹은 규칙은 언어이며, 이 세상의 질서는 언어적으로 구성되어 있다. 이제 배가 고프면 밥을 달라고 하거나 빵을 살 돈을 달라고 해서 시장에서 돈을 주고 사 먹어야 한다. 가장 기본적인 욕구를 충족하기 위해서는 어떤 질서를 따라야 한다. 이러한 과정을 통해 아이는 스스로를 사회의 구성원으로 만들어간다. 사회의 시선으로 자신을 볼 수 있는 단계, 즉 자신을 객관적으로 볼 수 있는 이 단계를 '상징계'라고 한다. 언어라는 상징 질서, 언어로 이뤄진 사회적 질서에 편입하지 않고서는 욕구 충족이 어렵다는 점에서 이런 이름을 붙였다.

우리는 이렇듯 욕구를 충족시키기 위해 사회적으로 용인되는 방식으로 요구를 해야 하지만, 경우에 따라 사회적으로 요구할 수 없는 욕구도 있다. 예컨대 엄마와 성교하고 싶다는 욕구를 충족하기 위해 그것을 요구할 수는 없는 일이다. 모든 욕구가 요구될 수 있는 것은 아니다. 욕구가 요구로 표출될 수 없는 곳에서, 즉 욕구와 요구 사이의 간극이 있는 곳에서 욕망(desire)이 발생한다. 결코 요구될 수 없는 욕구이기에 결코 만족될 수 없이 영원한 결핍으로 남는 것이 욕망이다. 동물에게는 욕구와 요구 사이에 간극이 없기에 욕망이 발생하지 않는다. 그런 점에서 욕망은 가장 인간적인 것이다.

따라서 욕망은 만족될 수 없는 텅 빈 공간이다. 이 결핍된 공간을 메우기 위해 수많은 대상들이 차례로 호명되지만, 결코 채울 수 없다. 하지만 이 텅 빈 공간이 아무 것도 없는 순수한 무無를 의미하지 않는다. 행위 주체에 의해 끊임없이 채워지기를 기다리는 이 공간은 사실 주체에게 자신을 채우라고 재촉하는 적극적 공간이며, 주체가 도달하고자 하는, 하지만 영원히 도달할 수 없는 실재계이다. 우리가 일반적으로 실재라고 부르는 대상은 사실 이 실재계의 한 부분일 뿐이다.

지금까지 욕망에 대한 주요 철학자들의 이론을 살펴봤다. 욕망에 대한 부정적 시각부터 인간적 삶의 원천으로서의 욕망이라는 긍정적인 시각까지 살펴볼 수 있었다. 인간의 본질이 욕망이라고 확언할 수는 없지만, 욕망 이론이 하나의 학문의 영역으로 자리잡은 이상 욕망이 인간을 구성하는 본질적 요소에 속한다는 사실을 부정하기 어렵다. 스피노자가 욕망을 작용과 반작용의 연쇄로 이뤄지는 자연으로 본 것, 라캉이 욕망을 상징계(사회 질서)와의 연관에서 파악한 것 등은 욕망이 단순히 개인의 문제가 아니라 환경이나 사회 질서 속에서 특정한 방식으로 표출된다는 것을 드러낸다. 이러한 관점에 따르면 욕망은 한갓 절제나 금욕의 대상이 아니라 인간과 사회의 역량을 강화시킬 수 있는 긍정적 에너지로 작동할 가능성을 간직하고 있음을 보여준다.

함께 읽으면 좋을 책들 ●────────────

《욕망의 통제와 탈주》, 전경갑 지음, 한길사, 1999.
이 저작은 스피노자에서 들뢰즈에 이르는 현대 철학자들의 욕망이론을 담고 있는 욕망의 철학사 혹은 욕망 입문서라고 할 수 있다. 합리론자인 스피노자가 어떤 점에서 비합리성의 핵심 개념인 욕망에 대한 현대 철학적 입안자가 되었는지, 그리고 이 개념을 중심으로 현대사상이 어떻게 전개되었는지를 볼 수 있는 책이다.

《욕망이론》, 자크 라캉 지음, 권택영, 이미선, 민승기 옮김, 문예출판사, 1994.
《욕망이론》은 프로이트의 정신분석학의 핵심 개념인 무의식과 성의 문제를 욕망이라는 이름으로 다룬다. 이 책은 욕망에 대한 라캉의 글들을 하나로 묶은 것으로, 라캉은 오늘날 욕망이론을 인문학의 핵심으로 올려놓은 사상가로 평가된다. 욕망이 어떻게 생겨나는지, 욕망이 도달할 수 없는 영역인지, 개인의 발달과 문명의 발달이 왜 욕망과 연관이 있는지 등을 이론적으로 정리한다.

공감

공감이 사람다움을 만든다

공감능력 상실의 시대

우리 사회는 지난 몇십 년간 여러 가지 방면에서 급격한 변화를 경험하고 있다. 가족의 구성과 문화뿐 아니라 사람들 간의 관계도 과거와는 판이하게 다르다. 가족의 구성을 돌아보면, 지금 우리 주위에는 여러 가지 이유로 삼대가 한 집에서 사는 경우가 과거에 비해 급격히 줄어들었다. 주거 형태도 단독주택에서 아파트로 변화되고 있다. 그런데 아파트에서 살면 이웃에 누가 살고 있는지 모르는 경우가 허다하다. 이렇게 변화된 시대 상황 속에서 사람들의 관계가 소원해지고, 함께 살아가고 있다는 연대 의식이 점차 약화되고 있는 것이 사실이다.

그 단적인 예를 들어보자. 매스컴에 명절이면 자주 등장하는 말이 '명절증후군'이다. 이 말은 90년대 이후, 특히 IMF를 지난 다음부터 명절이 다가오면 어김없이 등장하는 용어인 듯하다. 필자의 기억으로 어린 시절 명절이 다가오면 왠지 모를 설렘이 있었다. 친척들이 모여 맛있는 음식을 나눠 먹고, 윷놀이 등을 하면서 즐겁게 놀며, 가족 간에 서로 유대감을 키워가는 자리였다. 하지만 지금은 명절이 다가오면 별다른 감흥 없이 연례 행사 정도로 치부해버리는 것 같다. 어린아이들에게도 명절이 설렘으로 다가오는지를 물어보면 아마도 부정적인 대답이 더 많을 듯하다. 그리고 최근 명절에 가족들이 모여 같이하는 놀이가 사라졌다. 몇 년까지는 하다못해 고스톱이라도 쳤다. 하지만 이제는 이마저도 하지 않는다. 많은 시간을 들여 모였다가 음식만 나눠먹고 헤어지기 바쁘다. 가족 간의 친근함보다도 명절이니까 모여야 한다는 의무감이 더 크게 작용하고 있는 듯하다.

어떤 일을 준비할 때 그것이 의미 있고 재미있는 일이라면 비록 육체적으로 좀 수고롭고 힘들어도 그 힘듦을 쉽게 극복하고 잊을 수 있다. 그러나 일이 의미도 재미도 없다면 준비하는 자체가 고통스러워 고스란히 육체적 노동으로만 인식된다. 지금 명절증후군이란 말이 등장하는 것도 가족들의 관계가 형식적으로 변해 서로 공감하지 못하고, 만남 자체가 부담되고 즐겁지 않다는 것을 반증하는 것은 아닐까?

또한 가족관계뿐 아니라 사람들의 관계도 과거에 비해 더 소원해졌다. 같은 시대를 함께 살아가는 이웃이라는 의식보다는 경쟁사회에서 이

겨야 하는 경쟁 상대로 취급하기 일쑤다. 혹은 작은 이익이라도 있으면 조금도 양보할 생각이 없고, 서로 차지하려고 으르렁거린다. 또한 상대방의 생각과 입장을 고려하지 않고 자신의 관점과 편한 방식으로 결정하는 경우가 너무나 흔하다.

최근 지하철에서 자리 양보와 노약자 보호석을 두고 종종 젊은이와 노인 간에 충돌이 발생하는 사건을 종종 인터넷에서 볼 수 있다. 얼마 전 젊은 임신부가 노약자 보호석에 앉아 있는 것에 노인이 불쾌감을 표시하고, 험한 말과 추행을 서슴지 않았다는 기사를 본 적이 있다. 이뿐만 아니라 나이든 사람들 사이에서도 불편한 상황을 쉽게 찾아볼 수 있다. 나는 몇년 전 복잡한 퇴근 시간의 지하철 1호선에서 노약자보호석을 두고 두 노인이 말다툼을 하는 광경을 목격한 적이 있다. 사람들이 많아서 직접 보지는 못했지만, "나도 이 양반아! 나이 먹을 만큼 먹었어", "젊은 사람이…"란 고함소리가 들렸다. 내리면서 보니 80대 노인이 70대 노인에게 노약자 보호석을 양보하지 않는다고 화내면서 언쟁이 발생한 것 같았다. 이 장면을 목격하면서 나이가 많으면 다 어른이고, 연장자가 노약자 보호석을 무조건 양보받을 권리가 존재하는가 하는 의문이 들었다. '명절 증후군'이란 용어가 출현하고, 지하철에서의 노약자 보호석을 두고 서로 앉으려고 다투는 현상이 자주 발생하는 원인은 어디에 있을까? 아마도 우리가 상대방을 존중하고 공감하는 마음이 부족하기 때문은 아닐까?

공감은 사람다움을 실현하는 출발점

우리가 살아가는 데에는 많은 도덕적 덕목과 사회적 규범이 필요하다. 예를 들어 사람을 만나면 어떻게 인사하고, 어떤 태도를 취해야 한다는 등의 사회적 규약이 존재한다. 하지만 이러한 사회적 규약, 혹은 예의가 단순히 형식적이거나 강제적인 것이 아니라, 진실하고 자발적으로 실천되게 하려면 무엇이 필요할까? 다시 말해 예의의 근본 정신은 무엇에 기반해야 가식적인 것으로 빠지지 않고 사회 내에서 기능을 발휘할 수 있을까? 바로 상대방과 더불어 살아가고 있다는 연대 의식에 바탕을 둔 배려와 존중의 마음에 기반해야 한다. 이러한 마음이 빠지면, 자신의 행위가 외적으로는 도덕적 규범과 정해진 사회적 규약에 맞을지 모르지만, 자신의 속마음과는 전혀 일치하지 않을 수 있다. 남의 눈을 의식해서 어쩔 수 없이 억지로 실행하고 있을지도 모른다. 이렇게 되면 도덕규범의 실천력이 점차 떨어지는 것은 너무나 당연하다.

노약자 보호석을 예를 들어보면, 어떤 경우는 싫어도 남의 눈을 의식해서 어쩔 수 없이 양보하는 경우가 있을 것이고, 또 어떤 경우는 자신보다 약한 상대방을 배려하는 따뜻한 마음에서 자발적으로 자리를 양보하는 경우가 있을 수 있다. 이 두 경우 중 어느 쪽이 더 실천력 있고 진정한 도덕이라고 할 수 있을까? 당연히 후자가 자기 마음에서 우러나와서 행위하는 것이기에 실천력이 있다고 할 수 있다. 또한 자발적인 결정에 의한 행위이기 때문에 진정한 도덕이라 할 수 있다. 인간이 자신의 생존만을 도모하는 이기적인 욕망을 이기고, 남과 더불어 사는 삶을 고민하는 지점에서 인간다움의 실현을 말할 수 있고, 도덕도 생겨나기 때문이다.

우리는 한 평생 살면서 늘 사람답게 살아가길 원한다. 그런데 '사람답다'는 것이 어떤 의미인지 물어보면 흔히 사회적 지위와 경제적 풍요를 성취하는 것으로 대답하곤 한다. 물론 이것들이 사람이 살아가기 위해서 반드시 필요한 것은 사실이지만, 이것들이 충족되었다고 해서 만족한 삶이며 인간다운 사람이라고 할 수는 없을 것이다. '인간다움'이란 바로 자신의 생존을 넘어서 타인과 더불어 살아감, 즉 공존을 도모하는 그 지점에서 드러난다. 짐승의 최고 목표는 자신의 생명을 연장하고 생존하는 것이다. 인간도 생존이 무엇보다 중요하지만 자신만의 생존을 넘어 공존을 고민하는 능력을 지닌다. 생존은 본능에 뿌리를 두고 있는 것이지만, 공존은 자신의 의지적 선택에 따른 것이라고 할 수 있다. 이러한 의지적 선택을 발휘하는 순간이 인간이 자신의 존엄성을 실현하는 출발점이다.

어떤 사람은 '도덕'이란 말을 들으면 우리를 구속하고 억압하는 강제적인 사회 규약인 것으로 치부하고 거부 반응을 먼저 보인다. 그러나 진정한 도덕은 우리를 구속하지 않고 자유롭게 한다. '형식화된 도덕 규범'이나 어떤 정치적 목적에 의하여 이데올로기화된 '사회적 규범'은 인간을 도리어 구속시키고 억압시키는 기제로 작동한다. 하지만 진정한 의미의 도덕은 인간이 자발적 의지로부터 자신의 이기적 욕망을 극복하고, 인간이 마땅히 해야 하는 인간적 도리를 자각하고 실천에 옮김을 통하여 더불어 사는 삶의 가치를 실현하는 것을 말한다. 우리는 흔히 마음에서 우러나와서 행위하면 진실성을 확보할 수 있다고 한다. 마음에서 우러나온다는 말이 바로 자발적인 행위이고, 인간이 인간으로서 도리를 자발적으로 다 실현할 때 인간의 존엄성을 찾을 수 있는 것이다. 인간의 존엄함이란 객관적으로 존재하는 사실이 아니라, 인간의 실천을 통해 획득되는 가치적인 개념이다.

공자의 인仁은 따뜻한 마음이다

공자는 살아가면서 지켜야 하는 덕목과 규범이라고 할 수 있는 예악에 대하여 "예라 예라 하는데, 옥이나 비단 같은 예물만을 말하겠는가? 음악 음악 하는데, 종과 북 같은 악기만을 말하겠는가?"라고 말한다. 공경하는 자세로 옥이나 비단을 쓰는 것이 예禮이고, 화락한 마음을 종이나 북으로 표현하는 것이 악樂이다. 그러나 예의 근본은 옥과 비단에 있는 것이 아니며, 악의 근본도 종과 북에 있는 것도 아니라는 것이다.

그렇다면 예와 악이 진정한 의미를 갖기 위해서는 무엇을 갖추어야 하는가? 공자는 "사람이면서 인仁하지 않으면 예는 해서 무엇 하며, 사람이면서 인仁하지 않으면 악은 해서 무엇 하겠는가?"라고 말한다. 사회적인 도덕 규범이라고 할 수 있는 예악에 앞서 '인'을 갖추어야 한다는 것이다. 그렇다면 '인'이란 무엇을 말하는 것일까? 공자가 말하는 '인仁'을 흔히들 훈고학적 해석으로 人 + 二 = 仁, 즉 사람들 사이에 지켜야 할 형식적인 도덕 규범이나 덕목의 하나로 해석하는 경우를 종종 본다. 하지만 이는 공자의 근본 사상을 제대로 파악하지 못하고 일부만 보여주는 것이다. 공자가 말한 인은 대상을 사랑하고 존중하는 것이고, 배려하는 것이며, 또한 공손, 관대, 신의, 민첩함, 은혜 등의 마음을 가리키는 것이다. 한마디로 표현하면 자신을 돌아볼 수 있고 남을 배려하고 존중하는 '따뜻한 마음'이라고 할 수 있다. 남을 배려하고 존중하는 따뜻한 마음이 빠진 도덕적 규범은 형식이거나 가식으로 빠질 가능성이 많다. 이러한 따뜻한 마음과 반대되는 차가운 마음으로는 남의 고통과 아픔을 제대로 볼 수 없을 것이며, 항상 자기 중심적으로 생각하게 될 것이다. 차가운 마음에는 공감 능력을 찾아볼 수 없다. 따뜻한 마음이 있을 때 비로소 공감 능력을 발휘할 수 있을 것이다. 공감 능력이란 상대의 입장에서 생각하고 판단하려는 노력이다. 우리가 흔히 '당신을 사랑합니다'라고 말할 때, 이는 '당신의 입장에서 생각하겠습니다'라는 말로 바꿀 수 있을 것이다. 그러나 현재 우리는 '사랑합니다'를 종종 상대가 나에게 무엇을 해줄 것인지를 먼저 생각하게 하는 이기적 방식으로 해석하고 있는 것 같다.

그래서 공자는 모든 도덕 규범은 이런 인이란 따뜻한 마음에 근거해서 실현될 때만이 진정한 의의와 가치를 가질 수 있다고 주장한다. 이러한 의미는 공자와 제자 재아(宰我)와의 3년 상(喪)에 대한 대화에서 잘 나타나 있다. 이 대화에서 공자는 인을 '마음의 편안함(安)'과 '마음의 불편함(不安)'으로 설명한다. 재아는 나름 합리적인 두 가지 근거를 들며 삼년상이 너무 긴 것이 아닌지 공자에게 묻는다. 재아는 삼 년 동안 상을 지내면 아무도 예악을 배우지 않을 것임으로 예악이 붕괴되어 전승되지 못할 것이라 걱정했다. 사회공리적인 관점에서 문제를 제기했다고 할 수 있다. 또한 곡식의 수확도 일 년에 한 번이고, 사시의 변화도 일 년에 한 번씩 갈마들게 되므로 일년상이면 충분하다고 주장한다. 자연 질서의 변화를 근거로 자신의 주장을 펼친 것이다. 공자는 이 부분에 대하여 논리적으로 접근하지 않고, 비유적으로 접근한다. 부모의 상을 당했을 때 비단 옷과 쌀밥을 먹으면 마음이 편안한지 편안하지 않은지를 묻는다. 공자의 질문에 재아가 편안하다고 대답하자, 공자는 재아가 불인不仁하다고 평가한다. 만약 재아가 편안하다고 말한 것이 불인하다고 한다면, 편하지 않다는 것이 바로 인함을 드러내는 길이 될 것이다.

공자가 보기에 삼년상을 하고 안하고는 산술적 계산이나 수량적 많고 적음의 문제가 아니라, '양심'의 문제였다. 불안하다는 것은 바로 우리의 양심이 깨어 있음을 말하는 것이다. 양심이 깨어 있으면 인간이 도덕적으로 마땅히 해야 할 일을 하지 않았을 때 불안감을 느낀다. 이 불안감을 외적으로 표현하는 것이 바로 인의 존재를 드러내는 것이다. 이것은 이론적인 분석의 문제가 아니고, 인간이면 누구나 이러한 도덕적 상황에 직면했을 때 스스로 느끼고, 자각할 수 있다. 스스로 반성만 하면 언제든지 이것을 자각하고 존재를 확인할 수 있다. 이것이 바로 인한 마음, 즉 따뜻한 마음이 깨어 있고 활동하고 있음을 말하는 것이다.

현재를 돌아보면, 우리는 자신이 편한 방식으로만 판단하고 행동하지는 않는지, 즉 자기 중심적으로만 생활하고 있는 것은 아닌지 반성하게 된다. 유가에서 강조하는 오륜五倫 중에 부자유친父子有親은 부모와 자식간에 '친함'이 있어야 된다는 말이다. 여기서 '친함'은 서로 사랑함이 있어야 한다는 뜻이다. 부모의 입장에서는 자애로움, 자식의 입장에서는 효성스러움이 있어야 한다. 자애로움과 효성스러움은 둘 다 사랑함의 다른 표현이다. 앞에서 언급한 것처럼 '사랑함'이란 바로 상대를 배려하고 존중하는 것이고, 상대의 입장에서 이해하고 판단하려는 것이다.

《논어》에서도 "효성스러움과 공손함은 인을 실천하는 근본이 아니겠는가?"라고 말하고 있다. 이러한 효성스러운 마음과 공손한 마음을 바탕으로 행동할 때 '인간다움'을 실현할 수 있다는 것이다. '효孝', '제悌' 등과 같은 도덕적 규범의 실천을 강조하기에 앞서, 이것을 실현할 수 있는 근본인 '따뜻한 마음', 즉 공감 능력을 먼저 회복해야 한다. 이러한 따뜻한 마음이 있을 때 자기 존중감이 일어날 것이고, 타인에게도 배려와 존중의 마음을 발휘할 수 있다. 이것이 바로 더불어 사는 인간다운 삶이다.

사람다움을 실현하는 방법

인간다운 삶의 실현, 즉 인의 실현은 자기 극복에서 시작된다. 공자는 "자신을 이기고 예로 돌아가는 것이 인을 실천하는 것이다(克己復禮爲仁)"라고 주장한다. '극기克己'는 자신의 사욕을 통제하고 제거하여 예로 돌아가는 것이며, 예를 실천하는 것이 바로 인이라는 것이다. 다시 말해 우리의 감성이 우리의 이성을 지배하지 않게 하고, 이성으로 하여금 우리의 감성을 지배하게 하여 사사로운 욕망이 작동하는 것을 제거하는 것을 말한다. 그렇다면 여기서 말하는 예란 무엇을 말하는 것인가? 일반적으로 예란 예법제도를 가리킨다. 그러나 공자가 '복례復禮'를 말하는 것은 결코 사회적인 어떤 제도를 회복하자고 말하는 것은 아니다. 여기서 예법은 사회적인 의미다. 공자가 말하는 '극기복례克己復禮'는 자기 자신의 실천 생활을 말하는 것이니, 여기서 예는 상징적인 의미를 갖는다. 예법은 사회적인 측면에서 사용되는 용어 혹은 정치적인 용어이지만, 공자가 말하는 예는 도덕적 실천에 대한 것이다. 그렇다면 '극기복례'에서 '극'과 '복'은 무엇을 제거하고 무엇을 회복하는 것인가? '극기'는 우리의 생명 중에서 부정적 측면인 사욕을 제거하고 없애는 것이다. 이러한 부정적인 사욕을 제거함과 동시에 어떤 것을 회복하고, 긍정하는 것이다. 그렇다면 긍정하는 것은 무엇을 가리키는 것인가? 적어도 사리사욕에 속하거나 이기적인 것은 아니다. 그래서 공자는 예禮라는 상징적인 용어로 그것을 표현하고 있는 것이다. 이는 바로 이성理性을 뜻하며, 인간에게 이성이 있다는 것을 인정하는 것이다.

그러나 여기서 말하는 이성이 어떤 것을 함의하는지 구분해야 한다. 우리가 일반적으로 말하는 이성은 대부분 도구이성이다. 하지만 도덕실천을 말하는 이성은 방향이성, 즉 도덕이성이다. 극기복례를 통하여 회복하려는 이성은 도구이성이 아니라 방향이성이다. 이러한 방향이성이 우리의 삶에 방향을 제시해주고, 이상을 결정한다. 우리가 극기복례 과정을 통해 회복해야 할 것은 바로 도구이성이 아니라 방향이성인 것이다. 도구이성을 통해 인간을 보는 것은 인간을 실용적 가치, 도구적 가치로만 보는 것이다. 인간을 도구로 보는 것은 인간을 짐승의 층차로 떨어 뜨린다. 동물에게는 도덕실천이 없다. 도덕실천은 인간을 하나의 인격체로 완성하는 것이며, 인간을 인간으로 대우하는 것이다. 우리가 도구이성만을 강조하고 욕망 충족에만 전력한다면 인간은 더 이상 인간이 아니다. 따라서 '극기복례'의 진정한 의미는 바로 우리의 감성을 제어하고, 우리의 감성을 이성에 따르도록 하는 것이다. 여기서 예는 이성을 대표하며, 공자 사상에 비추어 보면 예가 바로 인이라고 할 수 있다.

극기복례의 구체적인 내용은 바로 시청언동視聽言動, 다시 말해 인간의 모든 행동이 예에 의거하도록 해야 한다는 것이다. 공자는 "예가 아니면 보지 말고, 예가 아니면 듣지 말고, 예가 아니면 말하지 말고, 예가 아니면 행동하지 말라"라고 한다. 예에 따라, 즉 방향이성에 따라 시청언동을 끊임없이 도덕적인 표준에 부합하도록 노력하여야 한다고 주장한 것이다.

그리고 예를 실천하는 것은 주체적인 결단에 의한 것이지 단순히 외제적인 규범에 맞추어 행위하는 것이 아니라는 것이다. 그래서 공자는 "인을 행하는 것은 자기에 말미암는 것이지 다른 사람에게 말미암겠는가?"라고 말한다. 또한 "인이 멀리 있겠는가! 내가 인을 하고자 하니, 이러한 인이 나에게 이르렀다"라고 말하면서 도덕의 실천의 자발성을 강조한다. 도덕은 우리를 구속하거나 속박하는 것이 아니다. 만약 도덕이 우리를 구속하고 속박하는 것이면 그 속에서 인간의 자율성과 존엄성을 찾아볼 수가 없을 것이다. 이것이 바로 공자의 사상이 오늘날 우리의 삶에 주는 살아있는 교훈이다.

현대인은 완전히 방종하여 전적으로 자연생명을 쫓아가며 어떠한 책임도 지려고 하지 않는다. 점점 죄악감이 사라져 간다. 우리가 양심을 갖는다는 것은 바로 '부끄러움을 느끼는 마음'을 갖는 것이다. 우리는 일상적으로 "마음에서 우러나와서 행동해야지 행동이 진정성이 있다"라고 말한다. 여기서 말하는 '마음'은 바로 우리의 진실한 본심이다. 이 본심의 확보라는 말은 일상에서 삶의 진실감을 느끼는 '마음의 울림'의 다른 표현은 아닐까?

사람의 생명은 자연생명에서 위로 한 차원 높여야 한다. 또한 지금 우리 시대에서는 자본주의의 소비문화와 연계되어서 인간을 자연생명에 중점을 두고 논의를 전개한다. 자연생명의 해방만을 외치는 것은 방종이 아닐까? 우리 삶의 책임의식은 어디에서 오는 것일까? 인간의 존엄성은 어디에서 오는 것인가? 인간다움의 실현의 의미를 어떻게 이해할 것인지 우리는 진지하게 다시금 반성해야 한다.

함께 읽으면 좋을 책들 ●

《논어》, 동양고전연구회 옮김, 민음사, 2016.
공자의 제자들이 스승에게 직접 듣거나 기록했던 말들을 공자 사후에 편찬한 일종의 대화집이다. 인간은 유한한 시간과 공간 속에서 어떻게 자신에게 주어진 삶의 의미와 책임을 다 실현할 것인가에 대한 질문을 늘 하게 된다. 공자는 이러한 질문이 가능한 것은 바로 우리의 양심이 깨어 있기 때문이라고 강조한다. 인仁은 우리의 양심을 가리키는 것이며, 따뜻한 마음이라고 할 수 있다. 이러한 '따뜻한 마음'에 근거해서 도덕규범을 실현할 때만이 그 도덕의 진정한 의의와 가치를 가질 수 있는 것이다. 그래서 이러한 따뜻한 마음, 즉 인을 잃어버리지 않기 위해 끊임없는 노력을 해야 함을 강조하고 있다.

《공자의 철학》, 채인후 지음, 천병돈 옮김, 예문서원, 2000.
공자의 사상을 체계적으로 이해하는 데 도움을 주는 책이다. 공자 사상의 핵심인 인, 의, 예에 관해 일목요연하게 정리한다. 공자의 철학이 왜 중국철학의 근간을 이루는지, 또한 유가철학의 근본정신이 어디에 있는지를 알고 싶은 독자에게 많은 도움을 줄 것이다.

질투심을 올바르게 사용하는 방법

질투는 나의 힘

우리는 일상생활에서 질투하지 않으면서 살아갈 수 있을까? 남들이 나보다 좋은 환경에서 살고, 풍족하게 더 많이 가지고 있으며, 더 행복해 보일 때, 우리 마음 한 구석에 왠지 모를 불편함이 일어나는 것은 너무나 자연스러운 현상이다. 특히 전혀 모르는 사람보다는 잘 아는 사람이 성공했을 때 우리는 더 불편함을 느낀다. "사촌이 논을 사면 배가 아프다"라는 우리의 속담은 아마도 속일 수 없는 이런 우리의 속내를 잘 표현하는 것이라 할 수 있다. 사전적 의미로 '질투'란 다른 사람이 잘되거나 좋은 처지에 있는 것 따위를 공연히 미워하고 깎아내리려는 행동을 말한다. 또 어떤 경우에는 부부 사이나 사랑하는 사이에서 상대방이 다른 사람을 좋아할 경우 시기하는 것을 말하기도 한다. 이런 경우 질투가 주로 여성들의 전유물인 것처럼 생각하기도 하지만, 시기심과 질투는 여성들에게만 한정된 것이 아니다. 질투는 인간 모두가 가지고 있는 일종의 자연적 본성이라 할 수 있다.

어떤 사람은 기독교 교리를 인용하여 "신 앞에 모든 인간은 평등하다"고 외치지만, 현실 속 인간들은 각자 타고난 환경과 능력의 차이에서 오는 불평등과 그에 따른 열등감에 사로잡혀 살아가기 마련이다. 열등감으로 인해 상대의 뛰어난 능력을 시기하고 질투하게 되고, 한 걸음 더 나아가 그를 파괴하고자 시도하는 경우도 종종 목격할 수 있다. '질투'란 말을 떠올리면 생각나는 영화가 〈아마데우스〉다. 〈아마데우스〉는 모차르트의 생애를 그린 영화지만 이야기를 이끌어가는 중심인물은 모차르트와 동시대 음악가였던 살리에리Salieri(1750~1825)다. 영화에는 모차르트에 대한 그의 질투가 실감나게 잘 그려져 있다. 모차르트는 태어나면서부터 천재 음악가였지만, 살리에리는 평범한 가정에서 태어나 음악에 대한 열정을 바탕으로 성공을 이룩한 이른바 노력형 음악가다. 살리에리도 물론 당대에 궁중 음악을 관리하는 악장으로 명성을 떨친 음악가였지만, 모차르트의 천재성과 견줄 수는 없었다. 영화에는 모차르트를 처음 만난 자리에서 살리에리가 밤을 새워 작곡한 곡을 연주하자, 모차르트는 한 번 듣고서 곡을 모두 외워버리고 바로 더 나은 방식으로 수정하는 장면이 나온다. 이런 상황에 직면하면 누구나 난감함과 불쾌감, 그리고 상대적 빈곤감을 느낄 수밖에 없을 것이다. 살리에리의 일그러진 얼굴은 평범한 인간들이 느끼는 열등감과 불편한 심기를 잘 나타낸다.

그래서 그는 모차르트의 천재성을 따라잡으려고 온갖 수단과 방법을 동원한다. 그는 다른 모든 것을 포기하고 삶을 음악에 바친다. 그렇지만 노력에 의해 도달하는 것은 역시 한계가 있었다. 몇 달에 걸쳐 밤낮을 가리지 않고 혼신의 힘을 기울여 작곡을 하고 수십 번 다듬고 또 다듬어도, 모차르트가 장난스럽게 한 순간에 써낸 작곡에 미치지 못한다. 살리에리는 모차르트에게 미칠 듯한 질투를 느낀다. 그는 자신에게는 적은 재능을 주고 모차르트에게는 너무도 큰 재능을 준 하나님을 원망하며, 모차르트를 파멸시키고 싶은 유혹을 계속 뿌리치지 못한다. 살리에리는 평소 상대적 빈곤감 속에 살아가는 우리네 평범한 인간들을 대변하고 있는 듯하다.

성서의 창세기에도 질투에 관한 이야기가 나온다. 카인은 동생 아벨이 바친 제물을 하나님이 더 높이 평가하자 질투심에 눈이 멀어 동생을 죽인다. 질투 때문에 저지른 형제간의 살육이었다. 또한 야곱이 아들 요셉을 가장 사랑하자 배다른 형제들 역시 질투심 때문에 요셉을 구덩이에 던져두었다가 노예로 팔아버린다. 성서에는 "이웃의 집과 여자, 노예, 하녀, 가축은 탐하지 말라"라고 나와 있다. 이는 일차적으로 탐욕과 소유욕을 조심하라는 말이지만, 결국 그 동기는 질투심이다. 솔로몬 대왕은 "나는 결코 질투심을 갖지 않을 것이다. 질투심은 지혜와 하등의 상관이 없기 때문이다"고 말했다.

질투는 왜 일어나는 것일까? 만약 자신이 자기만족을 하고 있거나, 경쟁에서 반드시 이겨야 한다는 생각을 내려놓으면 질투는 일어나지 않을 것이다. 경쟁은 질투를 낳는 온상이다. 경쟁이 치열할수록 질투는 쉽게 상대를 미워하는 증오로 발전하고, 증오는 궁극적으로 증오하는 대상의 파멸을 노리게 된다. 질투의 위험성이 바로 여기에 있는 것이다.

그렇다고 질투를 전적으로 나쁜 것으로 볼 수도 없다. 질투는 자아를 강화시키고 계발하려는 의욕을 발휘하는 계기를 마련하기 때문이다. 질투심을 전혀 느끼지 않는 사람이라면 아마도 자기계발의 의욕도 없을 것이다. 다른 사람과의 경쟁심 자체가 없다고 할 수 있다. 자신보다 잘난 사람에 대한 적당한 질투심이 일어날 때 비로소 경쟁이 시작될 수 있고, 경쟁이 시작되어야 상대방을 이기기 위해 자신의 계발을 서두르게 될 것이다. 문제는 자신의 질투심을 어떻게 적절하게 조절하고 관리할 것인가다. 또한, 개체의 생존이라는 관점에서 보면 질투는 절대악이라기보다는 생존을 위한 기제 같아 보인다. 개체가 경쟁에서 살아남는 가장 효과적인 방책은 경쟁자를 파멸시키거나 자신의 역량을 강화시켜 경쟁자를 압도하는 길밖에 없다. 질투는 이러한 기능 때문에 존재하는 것으로 이해된다. 그러나 상대방을 파멸시키고자 한다면, 먼저 그를 미워하고 시기해야 한다. 존경하는 마음을 가지고 상대방을 파멸시키기는 힘들다. 경쟁이 심하다 보면 결국 상호 파괴적인 방향으로 나아가게 될 것이다. 결국 인간의 삶 전체의 공멸을 자초할 위험에 빠질 수밖에 없다. 따라서 질투로 빚어지는 상호 파괴적 결과를 막기 위해 심한 경쟁은 사회적으로 억제되고 통제되어야 하는 것이다.

질투심이 일어나는 것은 아마도 자신을 믿는 자기긍정, 즉 자신감과 연관이 있을 것으로 생각된다. 우리는 자신을 낮게 보는 상대적 빈곤감에 빠져 있을 때 언제나 쉽게 질투심을 느끼게 된다. 삶의 의지를 가지고 정당한 방법으로 인생을 개척해나가는 사람에게는 남들이 가진 것이 그리 문제가 되지 않는다. 자기 일에 전력을 투구하다 보면 남에게 신경 쓸 겨를조차 없다. 또 설사 남의 성공과 행운이 관심의 대상이 된다고 할지라도, 스스로를 깎아내리려는 열등감을 느끼지 않는다. 반면에 우리가 자신감을 잃고 삶의 경쟁에서 졌다는 패배감에 사로잡힐 때, 우리는 남들에 대해 걷잡을 수 없는 시기와 질투에 빠질 것이다.

그렇다고 패배로 인해 느끼는 좌절감의 원인을 오직 개인의 문제로 돌릴 수만은 없다. 시기나 질투는 단순히 개인의 기질적인 문제가 아니라 사회 구조적인 문제라는 뜻이다. 그래서 자신감의 상실은 반드시 사회 구조적인 원인도 함께 생각해야 한다. 패배자는 경쟁이 치열한 사회 구조 속에서 양산된다. 경쟁이 치열한 사회일수록 패배자는 더욱 많이 만들어지며, 그 결과 더욱 많은 사람들이 좌절하게 된다. 게다가 규칙의 적용마저 불합리하고 정의롭지 못해, 좌절감의 강도는 더욱 크다. 지금 '헬조선'이라고까지 불리고 있고, OECD 회원국 중에서 최고 자살률, 최저 출산율이라는 암울한 현실을 보여주고 있는 대한민국 사회가 치열한 경쟁사회의 대표적인 예일 것이다.

인간의 질투심에 대한 문제는 철학에서도 중요한 주제로 다루어졌다. 대체로 철학자들은 악의 근원으로서 질투심을 배척하는 것을 상당히 중요하게 여겼다. 영국의 철학자 베이컨은 질투심은 '최고로 비난받아 마땅한 가장 저급한 격정'으로 보았으며, 질투심이야말로 '악마의 특징'이라고 규정하였다. 토마스 홉스나 장 자크 루소 같은 철학자들은 질투심이 윤리적 가치에서 벗어나 있지만 현실적으로는 인간이 기본적으로 지닌 성질로 보았다. 홉스는 질투심을 인간적인 존재가 지닌 자연적 성격의 일부라고 했으며, 루소는 역사적으로 발생한 현상이라고 말하기도 했다. 임마누엘 칸트는 질투를 타인의 파멸을 바라는 열정에서 비롯된 것이라고 보았다. 칸트는 질투심이 자신을 고문하는 지극히 불쾌한 악이기는 하나, 인간의 천성을 구성하는 요소 중의 하나로 보았다.

인간의 본성을 보는 두 가지 시각

동양에서도 인간의 본성에 질투심과 이기심이 존재한다고 보는 관점이 존재했다. 그것을 이른바 '성악설'이라고 부른다. 이와 함께 인간의 본성은 근본적으로 선한 것이라고 보는 학파도 존재하는데, 이는 '성선설'이라고 부른다. 인간의 본성이 선하다 혹은 악하다는 것을 논의하는 이른바 '심성론心性論'은 결국 인간의 도덕실천의 근거가 어디에 있는가를 묻는 학술적 논쟁이라고 할 수 있다. 인간의 내면에서 도덕실천의 근거를 찾을수 있다고 보는 학파와 본성에 도덕적인 요소가 존재하지 않기에 외부적인 것에서 도덕의 실천 근거를 확보해야 한다는 주장이 존재한다. 하나는 인간을 현상적으로 존재하는 자연적 사실의 입장에서 접근하는 것으로, 인류학적 관점에서 다른 동물과 구별되는 인간만이 가지고 있는 생물학적 특징이란 측면에서 인간의 본성을 논하는 것이다. 다른 하나는 자연적 사실의 관점을 넘어서 이상적, 가치적 관점에서 인간을 파악하는 것이다. 즉 도덕적 관점에서 도덕실천의 근거로서 인간의 본성을 논하는 것이다. 전자의 입장에 있는 사람이 고자와 순자이고, 후자의 입장에 있는 사람이 맹자다.

고자는 인간의 본성을 생生으로 이해하는 기존의 관점에 따라, "나면서 가지고 있는 것을 성이라고 한다(生之謂性)"라고 정의한다. 여기서 생生은 인간이 출생하면서 가지고 있는 생명을 지칭한다. 성性은 바로 인간이 태어나면서 가지게 되는 개체적인 속성 혹은 특성을 지칭한다. 고자의 말을 현대적인 용어로 해석하면 다음과 같다. "한 개체가 존재할 때 본래 가지고 있는 자연적인 본질本質을 성性이라고 한다." 고자의 성에 대한 이러한 해석은 이후의 학자들에게도 깊은 영향을 미친다. 순자가 주장하는 성악설, 그리고 한대의 동중서의 성삼품설, 왕충의 성분삼품, 양웅의 성악혼 등은 그들의 어떤 새로운 학설이 아니라 모두 생지위성生之謂性의 관점에서 인간의 본성을 규정한 것이다. 그래서 동중서는 "성의 이름은 생이 아닌가? 마치 나면서 자연스럽게 가진 자질을 일러서 성이라고 한다. 성은 질質이다"라고 해석하고 있는 것이다. 생지위성이 말하는 자연적 질은 나면서부터 갖고 있는 것, 즉 생물학적 관점에서 생득적인 것이라는 의미다. 고자가 말하는 성 역시 인간이 나면서 가지고 있는 개체적인 속성으로서 생물학적인 특성, 즉 본능에 해당한다고 할 수 있다. 고자는 "인간들이 나면서 가진 본능적 욕구가 성이다"라고 설명한다. 인간이 자연적인 본능에 해당하는 특질을 모두 가지고 태어나는 것이 사실이라면, '생지위성'의 관점에서 인간의 본성을 규정하는 것이 완전히 잘못된 견해라고 말할 수는 없다. 다만 여기서 문제가 되는 것은 이러한 본성의 규정을 통해 인간의 존엄성이 확보될 수 있는가 하는 것이다.

고자가 성을 자연적 특징에 근거해 이야기한다면, 맹자는 '인간이 인간이 되는 것(人之爲人)', 즉 인간의 존엄성 확보 차원에서 인간의 본성을 구별하는 가치적 구별을 시도한다. 맹자는 인간의 자연적 기질에서 인간의 성을 규정하는 것을 통해서는 도덕적 가치 측면에서 말하는 도덕성을 구분해낼 수 없다고 말한다. 우리는 흔히 인간이 존엄하다고 하는데, 이 존엄함이라는 것은 단순히 자연적 기질 혹은 지능의 우월함에서 찾을 수 있는 것이 아니다. 인간이 도덕성을 지니고 그것을 유지하고 발휘할 때 비로소 인간의 존엄성이 확보되는 것이다.

생지위성에 근거하여 인간의 본성을 규정하면 인간의 본성 자체는 선하다 악하다고 말할 수도 없는 중성적인 성격을 지닌다. 인성은 인간의 자연의 모습, 나면서 가지고 있는 자연적 재질을 표시하는 것이다. 그래서 고자는 '성은 버드나무와 같다'(재료적 의미), '성은 휘돌아가는 단수와 같다'(중성적 의미), '식색은 성이다'(생물학적 본능)라고 정의하며, 인간의 내면에서는 도덕적 요소를 찾을 수 없다고 주장했다. 인간이 선한 행위를 하는 것은 후천적으로 좋은 환경과 교육을 받아서 가능해진다는 것이다.

만약 좋은 환경과 교육을 받지 못한다면 선한 행위가 가능하지 않다. 이러한 관점에 따라 고자는 도덕실천의 원리가 객관적 상황에 의하여 결정된다고 주장하면서, '인은 내적인 것이고, 의는 외적인 것'이라고 주장하게 된다. 반면 맹자는 이 주장에 반대하여 '인의는 내재한다'라고 주장한다. 여기서 우리는 맹자가 사용하는 '인내仁內(인이 인간의 내면에 있다)'의 의미와 고자가 사용하고 '인내'의 의미를 구분해야 한다. 맹자가 사용하는 인은 보편적 심성, 즉 도덕적 의미에서 인을 말하는 것이다. 고자가 사용하는 인은 도덕적 의미를 가지고 있지 않은 단순한 감성 차원의 인, 즉 단순히 남을 사랑하는 감정을 말하는 것이다. 고자가 '의외義外(도덕적 규범이 외재한다)'를 주장하는 까닭은 인간의 내면에서 도덕적 근거를 찾지 않기 때문에 도덕적 행위의 기준이 객관 사실(대상)에 의해 결정된다고 보기 때문이다. 하지만 맹자는 "인의예지는 외부로부터 부여되는 것이 아니고, 내 스스로 본래 가지고 있는 것이다"라고 말한다. 다시 말해 인간의 도덕적 의지에 의하여 도덕의 실행 여부가 결정되는 것이다. 그래서 맹자는 인의가 내재인지 외재인지는 도덕 주체성인 본성에서 나왔는지의 여부에 따라서 결정되어야 한다고 보았다. 맹자는 이러한 '재료', '중성', '생물학적 본능'으로 인성을 말하는 생지위성에 반대하면서 가치론적 입장에서 성선설을 주장하게 된다.

맹자는 동물에서는 찾을 수 없는 인간만이 고유하게 가지고 있는 것, 즉 인간의 진정한 주체성을 인간의 참다운 본성이라고 하였다. 그래서 맹자는 "인간이 금수와 다른 것은 거의 드물다. 서인들은 이것을 버리고, 군자는 이것을 보존한다. 순임금은 여러 사물의 이치에 밝으시고, 인륜에 특히 상세하였으니, 인의한 도덕적 본성에 말미암아 행한 것이지, 인의라고 규정된 외적인 규범에 따라 행하려고 한 것이 아니었다."라고 말한다. 여기서 말하는 다름(異)은 류類적인 부동함이 아니라, 가치상의 부동함을 말한다. 그가 인간과 금수를 구별함으로써 세우려는 인성 개념은 지식의 추론 과정을 통해서 얻어진 지식 개념이 아니라, 구체적 실천 생활 속에서 얻어지는 실천적 개념으로 규정할 수 있다. 즉, 인간이 가지고 있는 식색食色 등과 같은 생리적 욕망이나 자연적 특성으로서 본능은 짐승과 본질적인 차이를 찾을 수 없다는 것이다. 다만 맹자는 인간과 짐승 사이를 구분하는 그 '미미한 차이'는 바로 도덕성을 가지고 있느냐의 여부에 달려있다는 것이다. 이상적 인간이라고 지칭되는 순임금이 순임금이 될 수 있는 것도 이러한 인의仁義한 도덕성을 자각하고 있느냐의 여부에 달려 있다. 순임금이 여러 사물의 이치에 밝고, 인륜을 살폈다는 것도 바로 도덕적 본성인 인성으로부터 발동되어 나온 것임을 말하는 것이다. 위에서 말한 군자는 바로 인의함(도덕심)을 존양확충存養擴充함을 통하여 인간의 가치와 존엄성을 실현할 수 있다는 것이다. 반대로 일반인(小人)들은 그것을 존양해야 함을 제대로 알지 못하기에 자연의 생명에 따라서 흘러가게 되어 금수와 차이가 없게 되고, 바로 이 지점에서 도덕적 악이 발생한다는 것이다. 이렇게 보면 맹자가 고자의 생지위성을 반대하는 이유가 바로 가치적 관점을 통해 인간의 본성을 규정하려는 것임을 볼 수 있다. 맹자는 가치적 관점에서 인간과 동물을 구분하고, 인간의 존엄성과 가치를 실현할 출발점을 마련할 수 있다고 보는 것이다.

질투하는 인간의 본성을 어떻게 변화시킬까?

맹자가 이상주의적 관점에서 인간의 도덕 문제에 접근했다면, 고자를 계승한 순자는 지극히 현실주의적 입장에서 인간의 도덕실천 문제에 접근했다. 일상적인 경험의 차원에서 보면 인간의 모습은 그리 이상적이지 않다. 자기 중심적이고, 이로운 것을 좋아하고, 서로 질투하고 미워하고, 감각적 욕망에 사로잡혀 살아간다. 그리고 절제하지 못하는 욕망에 의해 쟁탈을 벌이고, 남을 해치는 일이 쉽게 벌어지고 있는 것이 사실이다. 순자는 이러한 경험적 차원의 인간의 모습을 직시한다. 그는 "나면서부터 본래 그러한 것을 성性이라고 한다. 성의 조화에서 생긴 감각 기관의 정령이 외물과 접촉하여 느끼고 반응하는데 이러한 반응은 자연적으로 그러한 것이며, 이 역시 성이라고 한다"라고 규정한다. 인간의 감각 기관이 가지고 있는 자연적 반응과 생리적 욕구, 그리고 생물의 자연적 본능을 가리킬 뿐 아니라, 일상생활 속에서 벌어지는 희로애락, 질투심과 같은 심리적 측면의 자연적인 정서까지도 모두 성이라고 규정하고 있다. 순자가 말하는 본성이라는 것은 선천적으로 가지고 있는 '자연적인 성'을 가리키는 것이고, 일반적으로 말하는 '본능'에 해당한다고 할 것이다.

이러한 본능에 해당하는 '자연적 본성'은 어떤 내용을 가지고 있는 것일까? 순자는 태어나면서 가지고 있는 자연적 본능의 상태로 있는 인간을 그저 욕망의 존재로 이해한다. 그래서 "이익을 좋아하여 그것을 얻으려고 하는 것이 바로 인간의 성이다"라고 규정함과 동시에 "인간의 성은 나면서부터 이익을 좋아한다. (…) 나면서부터 미워하고 시기하는 본능이 있다. (…) 나면서부터 눈·귀의 욕구가 있어서 아름다운 색깔과 소리를 좋아한다"고 주장한다. 인간은 현재의 자신이 가진 것보다 좋은 상태로 전환하려는 경향성, 즉 욕망을 가지고 있다는 것이다. 그래서 "눈은 아름다운 색깔을 좋아하고, 귀는 고운 소리를 좋아하며, 입은 맛있는 것을 좋아하고, 마음은 이익을 좋아하며, 몸체는 편안함을 좋아한다. 이것은 모두 인간의 성정에서 나온 것이다"라고 말한다.

그리고 인간의 자연적 본성은 현재의 상태의 부족함을 채우려 하며, 자신에 없는 것을 채우려는 경향을 발휘한다. 순자는 "대체로 사람에게는 동일한 것이 있다. 배가 고프면 먹으려 하고, 추우면 따뜻함을 원하고, 피로하면 쉬기를 원하고, 이익을 좋아하고 손해를 싫어한다. 이것은 인간이 나면서부터 가지고 있는 것이며, 다른 사람의 가르침을 기다릴 필요도 없이 자연적으로 그러한 것이다"라고 말한다. 결국 인간의 본성에 대한 맹자의 정의를 따라가다 보면, 그는 인간의 본성이 가진 성질을 감각 기관의 본능으로 규정하고 있음을 볼 수 있다. 이렇게 보면 그는 인간의 자연적인 욕구를 본성으로 본 것이며, 따라서 인성은 악하다고 결론을 내리게 된 것이다.

그렇다면 인간이 태어나면서부터 가지고 있는 이러한 기본적인 요구와 욕망을 방치하면 어떻게 될까? 순자는 "인간은 나면서부터 이익을 좋아하므로 그대로 내버려 두면 서로 쟁탈만 하고 사양은 없게 된다. 나면서부터 미워하고 혐오하므로 그대로 내버려 두면 서로 해치기만 하고 충성과 믿음이 없게 된다"고 본다. 마치 자연의 상태에서 살아가는 동물과 같은 존재가 된다는 것이다. 그러나 인간은 짐승의 단계에서 머물러 있는 것을 받아들일 수 없다. 언제나 인간다움을 생각하지 않을 수 없는 것이다. 순자는 인간다움이란 교화와 학습을 거쳐서 이루어진 결과라고 본다. 그래서 "인간의 본성을 따르면 반드시 서로 쟁탈하게 되고 본분을 위반하여 법규를 문란하게 하여 난폭해지기 때문에 반드시 사법師法(스승의 말, 스승의 예법)으로 교화해야 한다. 그런 연후에야 비로소 사양의 덕이 나오고 법규에 부합되며 다르심으로 돌아가게 된다. 이렇게 볼 때 인간의 본성이 악하다는 것은 분명하며 선한 것은 후천적이고 인위적인 것이다"라고 한다.

생명의 자연적인 욕구에 따라 인간의 본성을 말하면 '선'은 없고 '악'만 있는 것이 당연하다. 그러나 인간은 자신의 불행을 그대로 방치하려고 하지 않는다. 인간은 자신의 내면에서 찾을 수 없는 것은 반드시 밖에서 찾으려는 속성이 있다는 것을 인정하고, 욕망의 무절제한 사용으로부터 발생하는 악의 상태, 즉 금수의 단계에서 벗어나 상호 배려와 존중의 가치를 소중하게 생각하는 인간다움의 실현을 추구한다. 인간다움의 실현은 앞에서 언급한 것처럼 자연적 본성을 교화하는 교육과 학습 과정의 결과다. 인간다움의 가치를 올바르게 이해하기 위해서는 주관적으로는 심心의 작용이 중요하고, 객관적으로는 올바른 삶의 지표가 되는 예의가 중요하다. 성性이 선善하게 되기 위해서는 반드시 사법師法에 의한 교화와 예의 제도를 통해 다스려져야 한다고 생각한다.

인간은 자연 그대로의 바탕에만 머무를 수 없으며 반드시 이를 초월하여 도덕 이상을 개척해야 한다. 맹자와 순자의 공통된 목표는 이상적 인간상인 성인聖人을 실현하는 것이다. 그러나 현실적 인간을 보는 관점과 그 실현의 방법에 있어서는 상당한 차이점을 보인다. 맹자가 인간의 내면적 도덕성에 근거해 도덕성의 확충을 통해 이상적 인간상을 실현할 수 있다고 주장한 반면, 순자는 이기적 욕망을 근본으로 하는 본성을 교화함으로써 성인을 실현할 수 있다고 주장했다. 이런 측면에서 순자도 유가의 한 학파로 인정받고 있는 것이다.

순자는 "인간의 본성은 악하다"고 말한 후, "본성을 변화시켜 인위를 일으키는 것(化性起僞)"이라고 말한 것이다. 흔히 순자가 인간의 본성이 악하다는 '성악'에 중점을 두었다고 알려져 있지만, 순자가 더욱 강조하고 하는 것은 바로 이 '화성기위'에 있다.

순자는 "인간의 본성은 악하니, 반드시 성왕의 다스림과 예의의 교화를 받은 후에야 비로소 다스려지고 선에 부합하게 된다"라고 강조하고 있는 것이다. 교화의 과정을 거치면 누구나 이상적 인물인 우임금과 같은 성인이 될 수 있다고 했다. 사람들은 타고난 성질은 악하지만 선을 알 수 있고 행할 수 있는 능력이 있다는 것이다. 그러므로 인의를 학습하고 실천하기 위해 끊임없이 사색하고 좋은 일을 쌓아가다 보면 신명神明에 통하고, 천지의 창조활동에까지 참여할 수 있다고 보는 것이다.

더불어 사는 삶을 위하여

우리는 늘 '사람답게' 살아야 한다고 말한다. 그런데 '사람답다'는 것은 무엇을 의미하는 것일까? 그것은 바로 '부끄러움'을 아는 것에서 시작된다고 할 수 있다. 부끄러움은 나만의 생존과 이기심을 넘어서 남과 더불어 살아감을 고민하는 지점에서 나타난다. 짐승들의 최대 관심사와 목표는 생존이다. 그것을 위하여 모든 힘을 다 쏟아 붓는다. 인간들이 물질적 측면에서 오직 잘 먹고 잘 사는 생존만을 고민하고 있다면, 그것은 짐승의 차원에서 벗어나지 못한 것이라고 할 수 있다. 그러나 인간은 이러한 짐승의 차원에 만족하고 머물러 있으려고 하지 않는다. 생존을 넘어 타인과 더불어 사는 삶, 즉 보다 높은 가치를 실현하는 그곳에서 '사람다움'이란 것을 찾고 있다.

부끄러움을 아는 마음이란 바로 자신의 행위를 돌아보고 반성하여 보다 나은 삶의 가치를 실현하고자 하는 깨어있는 마음을 가리킨다. 이러한 부끄러워하는 마음이 작동하고 있을 때, 인간들은 짐승의 차원으로 떨어지지 않고, 사람다움의 길로 나설 수가 있다. 살아가면서 부끄러워하는 마음을 살짝 접어두면 어떻게 될까? 아마도 하지 못할 짓이 없지 않을까. 부당하고 부정한 일을 하지 않는 것은 자신의 양심이 살아 움직일 때 가능하다. 우리의 마음이 욕심이나 이기적인 욕망에 가려지면, 당연히 부당한 일을 쉽게 용인하고 부정한 일을 먼저 저지르기 십상이다.

우리 사회에서는 이러한 부끄러워하는 마음이 작동하지 않고, 남들의 고통에 무감한 것 같다. 자신이 당하지 않으면 그저 남의 일처럼 생각하는 것 같다. 부당하고 억울한 일을 당한 사람만 손해를 보고, 억울함을 어디다 호소할 곳도 없고, 호소해도 들어주는 이가 별로 없다. 함께 살아가고 있다는 연대 의식의 부재 때문이다. 오직 승자만이 살아남는 이른바 '승자독식 사회'로 전락해버린 것이다. 이제 우리는 그저 자신만 잘 살겠다고 발버둥치는 이런 미친 놀음을 멈춰야 하지 않을까? 승자독식이라는 왜곡된 삶의 가치가 아니라, 더불어 살아가는 삶의 가치로 관점을 전환하는 것이 절실하게 필요한 시점이다. 사회의 구조적 모순을 해결하기 위한 제도 개선도 중요하지만, 그에 앞서 타인을 배려하고 존중하는 마음을 회복하는 것이 우선이다. 그런데 타인을 배려하고 존중하는 마음은 어디로부터 나오는 것일까? 그것은 바로 자신을 존중하고 사랑하는 마음에서 비롯된다. 자신을 존중하고 사랑하는 마음은 자기중심적인 이기적인 마음과는 다르다. 자신을 존중하는 마음을 논자는 '따뜻한 마음'이라고 불렀다. 이러한 따뜻한 마음은 자신을 존중하고 긍정하게 하고, 그와 아울러 타인의 고통을 고통으로 받아들일 수 있는 '공감 능력'을 발휘하게 한다. 차갑게 식어 있는 마음에서 남의 고통을 헤아리고 배려하고 존중하는 행위는 나올 수 없다. 절실하게 아파본 사람이 남의 아픔을 진실로 이해하고 공감할 수 있듯이, 자기 자신을 스스로 존중할 수 있는 사람이 비로소 남을 존중하고 배려할 수 있는 마음을 내어놓는 것은 너무나 당연하다. 남과 더불어 사는 인간다운 삶을 실현하기 위해 질투심과 시기심을 내려놓고, 따뜻한 마음, 즉 공감 능력을 회복해야 한다.

함께 읽으면 좋을 책들 ●━━━━━━━━━━━━━━━━━━━━━━━━

《순자의 철학》, 채인후 지음, 천병돈 옮김, 예문서원, 2000.

순자의 철학은 유가의 한 학파로 인정한다. 그러나 공자의 사상을 계승하면서도 공맹의 정통 유학의 길에서 많이 벗어나 있다. 순자는 인간의 본성을 악하다고 하는 '성악설'을 주장하였으며, 교육과 교화를 강조함으로써 이상적 인간의 실현을 주장한다. 이 책은 순자의 철학적 가치를 일목요연하게 보여준다.

《모종삼 교수의 중국철학 강의》, 모종삼 지음, 김병채 옮김, 예문서원, 2011.

모종삼은 중국의 당대 신유가의 한 사람이다. 이 책은 그의 《중국철학의 특질》을 번역한 것이다. 그는 서양철학이 자연을 탐구하는 지적 전통에서 출발하고 있다면, 중국철학의 특질은 생명을 중시하는 '생명철학'이라고 규정한다. 동양철학의 중심 문제가 어디에 있고, 그것의 현대적 가치가 무엇인지 이해하는 데 도움을 주는 책이다.

행복에 이르게 하는 망각의 힘

망각이 필요한 이유

인간은 언제나 행복해지는 법에 관심을 집중해왔다. 행복에 대한 성찰은 오늘날의 문제가 아니라 오랜 역사를 지니고 있다. 고대 철학자 소크라테스와 아리스토텔레스는 인간이 추구하는 '최고선(supreme good)'이 바로 '행복'이며, 행복은 '덕(virtue)'을 통해 얻어진다고 생각했다. 그리고 행복은 덕의 전달 통로인 '기억'을 통해 이를 수 있다고 했다. 기억이야말로 우리가 삶을 살아감에 있어 매우 중요한 행복의 조건이기 때문이다.

인류가 문명을 건설하고 건강한 삶을 유지해올 수 있었던 비결은 분명 기억에 있다. 인류는 중요하고 필요한 정보를 기억 체계에 저장해뒀다가 필요할 때 그것을 꺼내어 사용하며 삶을 유지해왔다. 이러한 측면에서 볼 때 기억은 행복의 중요한 조건이다. 만약 기억이 없다면 인간은 어떤 삶을 살게 될까? 우리의 삶은 뚝뚝 끊기고, 매일 맞이하는 아침은 늘 낯설게 보일 것이다. 과거를 통해 배운 것으로 미래를 예측하며 현재를 살지도 못할 것이다. 그만큼 우리는 기억에 많은 의미를 부여하며 산다.

반면 초우량 기억(super excellent memory)을 가진다면 어떨까? 얼마 전 매우 선풍적으로 회자되던 한 여성이 있다. 망각 없이 모든 것을 기억하는 한 여성으로, 그 여성의 이름은 질 프라이스Jill Price다. 그녀는 14살 이후로 자신이 경험한 모든 것을 기억할 수 있다고 한다. 어느 날 그녀는 주위 사람들의 기억이 형편없다는 사실을 발견했다. 반면에 자신은 모든 것을 기억하는 특별한 능력을 갖고 있다는 걸 깨달았다. 그녀는 저서 《모든 것을 기억하는 여자》에서 자신의 기억을 3단계로 나누어 설명한다. 8살 미만의 기억은 다른 사람보다 훨씬 뛰어난 수준으로 기억하고, 8살에서 13살까지의 기억은 대부분의 날짜를 어느 정도 기억하지만 기억하기 위해 수 초간 노력해야 한다. 그리고 14살 이후부터 현재까지는 거의 완벽하게, 즉각적으로 기억해낼 수 있다고 한다.

그렇다면 그녀는 '초우량 기억' 때문에 행복할까? 그녀는 단호하게 자신이 불행하다고 말한다. 행복한 기억뿐만 아니라 잊고 싶은 고통의 기억들도 함께 존재하기 때문이다. 초우량 기억은 그녀에게 소소한 행복을 가져다주기는커녕 불행을 견인하는 역할을 했다. 그녀가 행복해지기 위해서는 망각의 힘이 필요했다. 망각이 행복을 위한 필수 조건인 것이다.

우리는 세계에 속한 존재로서 늘 행복한 사건만 경험할 수 없다. 정도의 차이가 있지만 불행을 반드시 경험한다. 망각은 어쩌면 기억보다도 한층 더 고차원적인 정신 작용이라 할 수 있다. 망각이 없다면 인간은 아무런 기쁨과 행복을 느낄 수 없고, 희망조차 있을 수 없기 때문이다. 불행을 경험한 사람은 망각을 통할 때만 행복해질 수 있다. 인간이 기억 없이 살 수 없듯, 망각 없이 산다는 것은 전적으로 불가능하다. 따라서 과도한 기억에 집중하는 행태는 일종의 질병이자 재난이다.

망각의 역사

동서양은 망각에 관해 각기 다른 관점을 보였다. 플라톤에서 헤겔에 이르기까지 서양의 철학자들은 대부분 망각을 매우 부정적으로 다뤘다. 망각은 사멸할 운명을 지닌 인간의 한계라고 생각했다. 그들은 망각이 불행을 이끌 뿐이며, 진리로 안내하지 못한다고 생각했다. 나아가 고대인들은 기억하지 못하는 것을 죽음처럼 심각한 것으로, 아니, 죽음보다 더 가혹한 저주로서 받아들였다. 고대인들에게 가장 두려운 형벌은 자신과 관련된 기억이란 기억을 모두 없애는 것이었다. 따라서 그들은 기억되기 위해 목숨을 버리는 일도 불사했다. 그만큼 서구의 역사는 기억의 역사에 집중했다.

반면 동양의 전통은 망각을 기억보다 우선시했다. 장자의 허虛나 망忘의 개념 역시 기억보다 오히려 망각을 더 중요한 가치로 여겼음을 알 수 있다. 서양철학의 전통에 있으면서도 동양철학과 소통한 니체는 《도덕의 계보》에서 망각의 능력에 대해 보다 깊이 인지한다. 그는 망각을 기억만큼이나 중요하게 여겼고, 망각 없는 기억이야말로 가장 큰 불행이라 했다. 고통의 경험을 망각하지 못하는 사람의 기억은 디스토피아dystopia의 세계에 머무는 것임을 그는 분명하게 지적한다. 따라서 디스토피아적인 세계에서 벗어나 유토피아utopia의 세계를 건설할 수 있는 것은 망각이다.

인류의 학문은 서구적 전통에 경도되어 왔다. 따라서 우리가 망각보다 기억에 집중해온 것은 어찌 보면 당연한 일이다. 이제껏 우리는 기억의 순기능만을 강조했다. 우리는 마치 우리의 머리가 커다란 창고와 같아서 과거에 우리가 겪은 역사들을 차곡차곡 쌓아놓을 수 있다고 생각했다. 망각을 통해 분실하지만 않는다면 우리의 기억은 과거의 일들을 그대로 담아둘 수 있다고 가정하며, 망각에 대해서 매우 부정적으로 평가하고 진단했다.

사실 인간의 뇌는 매우 제한적 한계를 지니고 있음이 분명하다. 앞서 보았던 질 프라이스와 같은 예외적인 인물을 제외하고, 우리의 뇌는 몇 달 혹은 몇 년 안에 더 이상 무언가를 집어넣을 수 없는 상태가 될 것이다. 컴퓨터의 용량이 차면 하드디스크를 교환하거나 성능을 확장시키면 되지만 인간의 뇌는 그럴 수 없다. 그렇기에 망각은 인간에게 매우 유용한 능력이다. 인간은 망각을 통해 기억의 적정량을 조절한다. 망각의 힘이야말로 절대적인 인간의 조건인 것이다. 정신 질환을 앓고 있는 현대인들에게 어쩌면 망각이야말로 더 없이 필요한 치료제인지도 모른다.

기억은 그와 연관된 감정과 함께 무수히 반복된다. 이러한 부정확한 재생 과정을 통해 빛바랜 사진처럼 탈색되고 변형되면서 뇌에 남아 우리에게 고통을 제공한다. 우리는 지난 과거의 기억을 되새김질하면서 뼈아픈 감정을 느끼곤 한다. 시공간적으로 분리된 과거에 대한 변질된 기억과 향수나 회한, 의미와 감정의 되새김질이 반복되면 우울증이나 조울증은 더욱 심화된다. 정신적 고통은 기억 자체의 문제를 넘어서 있다. 왜냐하면 정신적인 고통은 주관적으로 편집된 기억과, 그것과 분리할 수 없는, 주로 부정적으로 채색된 감정 때문에 생기기 때문이다. 과거의 것은 무엇이든 기억하려는 집착이 문제다. 만약 과거의 기억으로 고통받는 이들에게 망각의 요건이 충족된다면 충분히 당면한 문제에서 헤어 나올 수 있지 않을까? 오랜 기간 망각의 의미가 과소평가됐다. 이제 망각의 의미를 되짚어볼 때다.

기억의 디스토피아에서 망각의 유토피아로

인간은 태어나면서부터 기억과 망각의 두 사다리를 오르락내리락한다. 특별한 사고를 당하지 않는 이상 인간은 모두 자신의 과거를 일정 부분 기억할 수밖에 없다. 어떤 이들은 자신의 기억에 매우 흡족해하고 즐거워하지만, 어떤 사람들은 트라우마를 잊지 못해 안고 살아간다. 니체는 그의 책 《차라투스트라는 이렇게 말했다》에서 기억을 지우는 망각의 힘이야말로 축복의 조건이라 말한다. 망각하는 것은 사막을 무사히 건너는 일이나 다름이 없다는 것이다. 우리는 망각하면 할수록 더 자유롭고, 더 많이 잊어버릴수록 새로운 사람이 될 수 있다는 것이 니체의 주장이다. 그는 기억이 아픔이나 고통과 어떤 본질적인 관계를 가지고 있다고 본다. 기억이 제공하는 고통에는 긍정적인 측면도 있다. 큰 위험이나 고통을 동반한 기억들은 쉽게 지워지지 않으며, 인간이 자신을 보존하는 데 필수적이다. 즉, 고통을 주는 상황을 분명히 기억할수록 사람은 위기에 제대로 대처할 수 있을 뿐만 아니라 안전하게 자기를 보존할 확률도 커진다. 하지만 극한의 고통이 지속된다면 문제는 다른 양상을 낳을 것이다. 이라크 전쟁에 참여한 병사들 중 정신질환 치료를 받는 군인 수는 10만 명이 넘는다. 전쟁에 참전한 병사들은 전쟁 과정에서 겪은 매우 강렬한 기억으로 인해 전쟁이 끝난 후에도 우울증, 심각한 불안, 외상후스트레스를 겪는다. 영국의 시인인 로버트 그레이브스는 제1차 세계대전에 참전한 후 집에 돌아온 후에도 계속 참호 속에 있는 것처럼 행동했다고 한다.

집요하게 반복되는 고통을 지우려는 노력 속에서 망각은 큰 힘이 된다. 니체는 망각 능력을 가진 사람을 강자로 규정하는데, 강자는 고통을 받은 후에도 건강을 지켜낼 수 있는 사람이다. 강건함은 망각의 힘만이 가능케 하며, 고통에서 벗어나기 위해 더욱 망각해야 한다.

망각은 기억보다 수동적이고 무력한 것으로 느껴진다. 저절로 일어나거나 우리도 모르는 사이에 우리를 엄습하는 일로 간주되기도 한다. 어떤 능동적 행위를 하지 않아도 망각이 저절로 일어나는 것처럼 보이는 것이다. 그러나 망각은 우리가 적극적으로 노력할 때 더욱 큰 힘을 발휘할 수 있다. 그렇다면 적극적으로 망각에 이르는 방법은 무엇일까? 가장 좋은 방법은 먼저 새로운 활동을 하는 것이다. 고통의 기억에 집착하지 않도록 하는 것은 새로운 삶의 열정이다. 즉, 망각은 새로운 것을 기억하고 창조하는 긍정적인 활동을 통해서 이루어진다. 이렇듯 망각이란 시간이 흐르면서 자연히 잊히길 기다리는 것이 아니라 새로운 활동을 시작하고 과거의 집착에서 멀어지려 부단히 노력하는 것이다.

프랑스 철학자 질 들뢰즈Gilles Deleuze(1925~1995)는 망각이란 "자의식의 동일성을 의식적으로 잊는 것"이라 했다. 말하자면 망각은 단순히 기억을 잊어버리는 일을 의미하는 것이 아니라, 의식적으로 자의식과 과거의 연결된 관계를 끊는 일을 말한다. 자의식을 약화시키면 기존의 기억과 단절하고, 새로운 세계와 연결할 수 있는 가능성을 더욱 확보할 수 있는 것이다.

망각이 행복을 부른다

우리는 제한된 뇌를 가지고 있기 때문에 효율적인 방법으로 기억을 모색하지 않으면 안 된다. 효율적인 기억을 위해 우리의 뇌는 먼저 오래된 경험을 기억하며, 자주 반복된 경험들을 기억하고, 마지막으로 망각하는 단계를 거친다. 이때 망각은 완벽하게 잊어버리는 것을 의미하지 않는다. 다만 망각하는 과정에서 우리의 뇌는 중요한 정보를 압축하여 키워드나 타이틀만 기억한다. 그런데 이렇게 정보를 해체하고 압축하는 작업이야말로 새로운 창조를 만들어내는 길이다. 비범한 기억은 우리가 행복한 삶을 살아가는 데 오히려 방해가 된다. 앞서 말한 질 프라이스처럼 오감을 통해 밀려드는 정보더미가 그대로 쌓여 시도 때도 없이 우리에게 떠오른다면 우리의 삶은 어떨까? 아마도 자신의 삶을 편집해 의미를 끄집어낼 여유가 없을 것이고, 이는 우리가 주체적 삶을 살지 못하게 할 것이다. 따라서 건강한 기억은 최대한 많은 것을 유지하는 게 아니라 불필요한 것을 잊어버리는 능력에 있다.

니체는 '망각하는 것'과 '사랑하는 것', 이 두 가지 능력을 갖출 때 행복해질 수 있다고 말한다. '망각하는 것'은 이미 없는 과거와 아직 없는 미래요, '사랑하는 것'은 현재의 삶이다. 니체에 따르면 어린아이들은 망각의 천재들이기 때문에 매우 깨끗한 정신세계를 지니고 있다. 아이들은 털어버려야 할 과거나 매달리고 싶은 미래가 없기 때문에 어른보다 현실적으로 행복하다는 것이다. 우리는 어쩌면 다시 아이가 됨으로써 과거와 미래에 매이지 않고 현재에 충실하게 살 수 있지 않을까?

얼마 전 '멍 때리기 대회'라는 독특한 대회가 화제였다. 아무런 생각이 없는 상태로 누가 오래 버티는지 겨루는 대회였다. 대회의 의도는 아마 급박한 생활 속에서 과도하게 생각하고 기억하려는 사람들에게 휴식 시간을 주기 위함이 아니었을까. 대회라는 형식을 빌려, 생각하지 않거나 혹은 망각하는 시간을 가지게 한 것이다. 현대인들에게는 망각할 여유조차 없기 때문이다. 하지만 망각이 없다면 우리는 희망과 자부심, 행복과 기쁨을 모두 박탈당한 채 과오에 발목 잡혀 살아갈 것이다. 이제껏 우리는 한시도 스스로 놓아두지 못하고 동분서주하며, 삶을 되돌아볼 시간조차 가지지 못했다. 효율적으로 망각할 때 행복의 세계가 열린다. 기억이 잘 나지 않는다고 걱정할 필요도 없다. 살아가면서 갑자기 망각하는 일이 늘어났다면, 현재의 일상을 스트레스로 여기고 빨리 지우려는 적극적인 망각의 활동이라 보면 된다. 너무 걱정하지 말고 망각을 그대로 받아들이면 된다. 기억을 다스리는 자, 곧 망각을 잘하는 사람이 행복해질 수 있다.

함께 읽으면 좋을 책들 ●─────────────────────

《선악의 저편·도덕의 계보》, 프리드리히 니체 지음, 김정현 옮김, 책세상, 2002.
니체에 따르면 인간은 망각하는 동물이다. 망각은 결코 이성 능력의 부족이 아니다. 인간의 삶에 꼭 필요하고 삶을 가능하게 하는 원동력이다. 망각은 욕구나 충동의 모순과 대립 과정에 대한 정보를 차단할 뿐만 아니라, 고통스러운 기억을 밀어내어 정신적 질서와 안정을 찾게 하는 기능을 하기 때문이다. 이 장치에 의해 인간은 행복감과 건강함을 느끼게 된다. 이러한 자연적이고도 동물적인 망각의 힘은 '의지의 기억'에 의해 제거된다. 무엇가를 망각한다는 것은 삶을 가능케하고 동시에 생을 살아가기 위한 신의 축복이면서 내 숨을 조여오던 아픔에서 벗어나는 유일한 출구이기도 하다.

《모든 것을 기억하는 여자》, 질 프라이스, 바트 데이비스 지음, 배도희 옮김, 북하우스, 2009.
주인공은 자신의 파란만장한 인생을 세밀하게 따라가며 기억의 의미를 새롭게 검토한다. 특히 이 책은 뇌과학의 연구 결과를 다룬다는 점에서 호기심을 불러일으킨다. 풀리지 않은 인간의 기억과 그 비밀에 대해서 질문을 던진다. 우울, 분노, 용서 그리고 마음의 성장과 같은 다양한 정서적인 변화를 겪은 주인공은 망각이 없기에 슬프다고 고백한다.

해석, 나를 성찰하는 시간

그날 밤 들었던 이야기가 살아있어요

밤기운이 피어오르면 이야기 주머니가 풀리고, 나와 동생들은 할머니의 이야기에 귀를 기울인다. 올망졸망 눈망울에 옛 이야기 하나가 심어져 꽃을 피울 때 나는 늘 행복했다. 그때 들었던 이야기 중 가장 재미있는 이야기 하나가 '수리비쭉 어떡할꼬!'라는 이야기다. 잠시 그때 들었던 이야기를 소개할까 한다.

옛날 인자한 왕이 한 명 있었는데 누군가 그 왕의 옥새를 훔쳐갔다. 온 나라의 내로라하는 주술사와 마법사, 그리고 관가의 관료들이 옥새를 찾으려 수많은 노력을 기울여도 도무지 찾을 수 없었다. 왕은 고육지책으로 옥새를 찾는 사람에게 높은 벼슬과 금화 1000냥을 주겠다고 약속했다. 그렇지만 왕의 이 같은 노력에도 옥새를 찾을 수 없었다. 1년이 지나도 찾아지지 않자, 왕은 산중에 이 소식을 알렸다. 강원도 첩첩 산중에 사는 한 효성이 깊은 청년이 이 소식을 들었다. 이 청년은 병환으로 6개월째 침상에서 보내고 있는 홀어머니를 봉양하기위해 옥새를 찾아야겠다고 생각했다. 어머니의 병은 희귀병이라 많은돈이 필요했다. 청년은 어머니의 병환을 고치고자 하는 간절함을 갖고왕을 찾았고, 자신이 옥새를 3개월 안에 찾겠다고 단언했다. 왕은 그간 모든 이들이 실패를 경험하였기에 마지막 심정으로 이 시골 청년에게 임무를 맡겼다. 그러나 청년은 두 달 하고 보름이 지나도록 도무지옥새를 찾을 묘수가 생각나지 않았다. 그러다 그는 왕의 궁궐 뒤 연못에 옥새가 있다는 소문을 내었다. 그리고 일꾼들을 불러 물을 푸기 시작했다. 일주일이 지나자 걱정은 더욱 커지기 시작했다. 그런데 5일을남겨둔 시점에 올빼미 한 마리가 지나가며 "수리비쭉 어떡할꼬!"라고말하며 지나가는 것이었다. 이 청년은 그날부터 "수리비쭉 어떡할꼬!"를 계속 주문처럼 외우기 시작하였다. 궁궐 근처에 사는 많은 사람들이 연못에서 옥새가 나오길 간절히 기다렸다. 그 사이 왕의 옥새를 훔친 도둑은 연못에 물을 퍼내는 일들을 관찰하기 위해 먼발치에서 그광경을 구경하였다. 그런데 이 일을 어쩌면 좋을까? 한 청년이 계속"수리비쭉 어떡할꼬!"라고 말하는 것이 아닌가. 이 도둑의 이름이 바로

'수리비쭉' 이었던 것이다. 도둑은 깜짝 놀라며 어떻게 이 상황을 모면할까 밤새 고민하다, 자시가 되었을 즈음 자신의 이름을 알고 있는 이 시골 청년을 찾아갔다. 내가 '수리비쭉'인데 한 번만 살려달라고 싹싹 비는 것이었다. 그러자 청년은 태연한 척 도둑에게 방법을 일러주었다. 오늘 새벽 연못의 돌무덤이 있는 가장자리에 옥새를 가져다놓으면 목숨을 살려주겠다고 했다. 다음날 이른 아침 이 청년은 옥새를 되찾았고, 왕은 그에게 후한 상과 벼슬을 내렸다. 그뿐만 아니라 왕은 효심이 깊은 청년의 어머님을 치료하기 위해 명의名醫를 붙여주었다.

할머니의 무릎을 베고 듣던 이 이야기는 수년이 지났지만 여전히 내 기억 속 한편에 자리하고 있다. 돌이켜보면 이 옛 이야기의 지혜는 오늘날까지 살아 있다. 범죄학적인 관점에서 범인은 자신의 범행이 안전한지 확인하고 싶은 불안한 마음에 반드시 범행 현장을 다시 찾는다고 한다. 심리학의 관점에서 이는 '방어적 노출 행동'이라고 진단할 수 있다. 이처럼 언어의 조합이 만들어낸 오묘한 이야기는 지혜의 전달 창구다. 인간만이 가진 고유한 자질로서 이야기의 전승은 인간의 본질을 탐구할 수 있게 한다.

인간이 동물과 차별화되는 가장 큰 특징이 바로 '생각하는 힘'이다. 생각의 힘은 곧 언어에 내포된 이야기의 힘으로 확장된다. 인류의 직접적인 조상으로 지목된 호모 사피엔스는 '생각하는 인간'이라는 뜻이다. 생각하는 힘으로부터 인류의 혁신적인 진화가 시작되었으며, 생각하는 힘은 언어가 만들어내는 이야기를 통해 구체화된다. 이처럼 생각하는 힘이 세대를 걸쳐 축적되고 인류는 발전을 이끌었다. 결국, 인간이 이룬 문명의 역사는 이야기의 전승이 만들어냈다고 해도 과언이 아니다. 반면 동물이 문명을 이끌지 못하는 이유는 이야기의 전승이 없기 때문이다. 아무리 고등한 유인원일지라도 인류와 같은 언어를 가지고 있지는 않다. 과학자들이 인간과 유사한 침팬지의 새끼를 갓 태어난 아기와 함께 같은 환경에서 길러 보았지만, 침팬지는 인간의 언어를 습득할 수 없었다. 그러나 인간은 지역이나 환경에 따라 각기 새로운 언어를 습득할 수 있다. 그뿐만 아니라 인류는 언어를 통해 지식을 교환하고 정보를 공유한다. 인류가 이뤄낸 문명과 사회는 모두 '언어'에 기초한 이야기가 있었기에 가능했다.

인간의 언어와 동물의 언어

인간과 달리 동물이 문명을 만들어낼 수 없는 근거를 자세히 살펴보자. 분명 동물도 그들만의 언어를 가지고 있다. 침팬지나, 돌고래, 꿀벌 등은 그들 나름대로 의사소통을 한다. 그런데 동물의 언어는 고정적이고 본능적이며, 아주 한정된 폐쇄 신호로 이루어져 있다. 인간과 매우 유사하다고 알려진 침팬지, 원숭이, 고릴라는 대략 20~40가지 정도로 극히 제한된 신호를 사용한다. 유인원이 사용하는 언어는 감정을 제한적으로 노출시키는 데 지나지 않는다. 침팬지들은 뜻밖의 상황에 맞닥뜨렸을 때 새로운 신호를 표출하지 못하며, 고정된 언어만을 사용한다. 어류는 약 10~15개, 조류는 15~25개 정도의 언어(신호)를 사용한다. 한편 꿀벌은 '꼬리춤'의 각도나 움직임, 춤을 추는 시간, 강도 등에 따라 다양한 의미를 표현한다. 그러나 벌의 소통 주제는 '먹이'로 한정돼 있기에 다양한 측면들을 드러내는 데 한계가 있다. 포유동물 중 가장 지능이 높다는 돌고래는 소통 능력이 매우 뛰어나다. 돌고래는 초음파와 몸짓을 통해 소통한다. 이들은 인간처럼 서로의 나이와 성별은 물론 이름까지 알고 있으며, 나름의 문법 체계를 발전시켰다고 한다. 그렇지만 돌고래 역시 인간의 언어가 지닌 다양한 특성을 가지고 있지 않다. 그렇다면 동물과 인간의 언어에는 구체적으로 어떤 차이점이 있을까?

첫째, 문화를 만들 수 있는지의 여부가 가장 큰 차이점이다. 인간은 언어를 통해 문화를 만들 수 있지만 동물은 만들 수 없다. 인간의 언어는 이야기를 통해 문화를 전수한다. 이때 전수되는 것은 문화적인 전수이지, 유전적인 전수가 아니다. 가령 프랑스에서 태어난 아이가 불어를 배우기 전에 한국에 와서 살게 되면 그 아이는 한국말을 자연스럽게 사용할 수 있다. 반면 동물의 경우 유전적으로 신호의 목록이 이미 결정되어 있어 세계 어느 곳에서든 하나의 언어만을 사용한다.

둘째, 인간은 유전적으로 언어능력을 타고나서 인간이면 누구나 언어를 습득할 수 있다. 따라서 인간은 자신의 언어뿐만 아니라 다른 나라의 언어를 배울 능력을 지니고 있다. 반면에 동물들은 아무리 노력해도 다른 동물의 언어를 배울 수 없다.

셋째, 인간의 언어는 시공을 초월하는 능력을 지니고 있다. 즉, 언어를 통해 과거, 현재, 미래의 상황을 서술할 수 있다. 반면 동물은 현재의 상황에 국한해 소통할 뿐이다. 영국의 수학자이자 철학자인 버트런드 러셀Bertrand Russell은 "개가 아무리 웅변술이 좋다 하더라도 자기 부모는 가난했지만 정직했노라고 짖어서 말해줄 수는 없다"라고 했다.

넷째, 인간은 매우 창의적으로 언어를 사용한다. 인간은 동물과 달리 전에는 한 번도 보거나 들어본 적 없는 문장을 말하고, 듣고, 이해할 수 있다. 예컨대 시적인 언어가 그 예다. 인간이 시를 짓고 느낀다는 것은 무한한 상상력의 발동임과 동시에 창의성을 발휘하는 것이다. 상상력을 통해 인간은 새로운 문장을 생성해내고, 다양한 비유를 통해 의미를 담아낸다. 반면 동물의 언어는 선천적으로 규정된 한계를 벗어나지 못한다.

다섯째, 인간의 언어는 소리의 체계와 의미의 체계가 분리-독립된 이원성을 가진다. 반면 동물의 언어는 소리와 의미가 한 덩어리로 되어 있어 둘을 분리할 수 없다. 인간의 언어는 비슷한 소리가 전혀 다른 의미를 나타낼 수도 있고, 다른 소리가 같은 의미를 나타낼 수도 있다. 하지만 동물 세계에서 어떤 일련의 소리가 '위험하다'를 뜻한다면, 이 일련의 소리는 다른 뜻을 가진 신호들과 혼동되지 않는다. 다시 말해 이 소리에 다른 소리를 보태서 다른 뜻을 만드는 경우도 없을 뿐만 아니라, 이 소리와 전혀 다른 소리가 '위험하다'라는 뜻을 가지는 경우도 없다.

여섯째, 인간의 언어는 화자가 수시로 청자도 되고, 또 청자가 화자가 되는 교환성이 있는 반면에 동물 세계에서는 송신자와 수신자의 기능이 분리되어 있다.

지금까지 인간과 동물의 언어의 대표적인 차이에 대하여 알아봤다. 동물도 나름대로의 언어를 가지고 의사소통을 하지만, 그들의 언어는 아주 한정된 신호에 불과하다는 것을 알 수 있다. 그들은 극히 제한된 어휘를 가지고 소통하며, 그 의사소통은 모두 생리적 충동에만 한정되어 있다.

해석을 통해 탄생한 인간

앞서 언급한 구전동화는 새로운 문명을 이끄는 초석이 된다. 인간은 이야기를 읽으며 자신의 존재의 의미를 새롭게 인지할 수 있기 때문이다. 이야기는 우리에게 삶을 검토할 기회를 준다. 다시 말해 우리는 다양한 이야기를 통해 자기 자신을 바라보고, 자신의 현재 모습을 새롭게 이해할 수 있다. 우리가 고전을 읽는 행위는 선조들의 생각과 대화하며 현재 자신의 삶을 새롭게 되돌아보기 위함이다. 만약 이러한 텍스트가 없다면 아마도 우리는 내가 누구인지, 어떤 삶이 가장 인간다운 것인지 준거를 세우기 어려울 것이다. 노자의 《도덕경》을 읽는다고 가정해보자. 우리는 《도덕경》을 통해 현재의 삶을 어떻게 이해할 수 있을지 깨달음을 얻는다. 우리는 텍스트를 통해 다른 관점에서 세상을 바라보는 힘을 얻는다. 텍스트 앞에 나를 세움으로써 나의 삶과 노자의 삶이 어떻게 다른지 비교하며 자신을 돌아볼 수 있다. 이 과정에서 나는 고전이 제시하는 존재론적 물음과 만난다.

우리는 텍스트를 읽을 때 '자기로부터 거리두기'를 통해 의미를 발견할 수 있다. 텍스트가 제시하는 새로운 세계에 자기를 맡기고 상상력 속에서 새로운 세상을 맞는 독자는 자기 비판이 가능할 만큼 자기와 거리를 두고 있다고 할 수 있다. 《참회록》에서 저자 톨스토이는 "인생은 어리석은 것, 나도 어리석었지. 이 세상 향락에 취하고, 이 세상 욕심에 취하고, 죽음의 소리를 들으면서도 아무런 생각 없이 나는 지금까지 살아왔노라"라고 고백한다. 그러고는 이전과 다른 모습으로 살아야 함을 역설한다. 우리는 《참회록》을 읽으며 톨스토이가 자신의 인생을 참회하는 모습을 보면서 우리 자신의 모습들을 검토한다. 톨스토이가 만든 세계를 파악하면서 나의 존재를 인지하고, 동시에 나의 존재론적 의미를 비판적으로 성찰할 수 있는 것이다.

이렇게 존재에 대한 질문은 곧 자기 이해와 자기 비판을 낳는다. 여기서 새로운 자기 이해란 자기에게 관심을 기울임으로써 이루어지는 것이 아니라, 텍스트를 해석한 결과 이루어지는 것을 의미한다. 그런데 이러한 텍스트는 시대에 따라 달리 해석된다는 독특한 특징을 지닌다. 예를 들어 '악'이란 개념이 역사에 따라 어떻게 이해되었는지 살펴보자. 고대 그리스인들에게 악은 물질적 욕망 자체였을 뿐만 아니라 물질 자체가 악으로 이해되기도 했다. 중세는 신 중심 사회였기 때문에 완전한 존재인 신이 선 자체이고, 행복은 그런 신을 신앙함으로써 채워지는 충만한 기쁨으로 간주되었다. 반면에 악은 신앙심에서 벗어나 인간의 욕망에 충실한 이기심을 향할 때이다. 따라서 중세의 악의 핵심은 '이기심'이었다. 근대는 인간이 바라는 목적이나 욕구가 충족되어 행복한 결과를 가져오는 것이 곧 선이고, 바람직한 가치로 간주된다. 산업주의와 자본주의가 세계화의 이념으로 작용하고 있는 오늘날, 선의 표준적인 모델은 이런 유용성이다. 따라서 중세와 달리 근대에는 이기심에 대한 평가가 후해졌다. 반면 이제 악은 '법의 테두리에서 벗어나는 것'이다. 시대 정신에 따라 악에 대한 평가들은 이렇게 달라진다. 악의 정의는 동·서양에서도 극명하게 차이가 드러난다. 이렇듯 시대와 장소의 이데올로기는 늘 우리의 눈을 가려 궁극적인 실재를 볼 수 없게 만들 수 있다. 고전을 읽는다는 것은 이러한 시대의 이데올로기에서 한 발짝 물러나 객관적인 관점을 견지할 수 있게 한다.

해석이란 텍스트가 지향하는 의미의 세계를 자기 것으로 만드는 것이다. 또는 텍스트가 펼치는 질문에 응답하는 것이다. 여기서 독자의 역할은 텍스트를 주체적으로 주무르기보다, 텍스트가 제안하는 의미의 세계에 이끌려 새롭게 자기를 이해하는 것이다. 언어의 집인 이야기를 읽으면서 우리는 세상과 자신의 삶을 다시 그린다. 이것이 해석의 일종인 독서의 효과다. 텍스트는 그 자체로 고정되어 있지 않으며, 독자에 의해 현실을 바꾸는 힘을 발휘한다. 우리의 마음속에 있는 새로운 세상에 대한 욕망은 텍스트를 통해 드러나고 형상화될 수 있다. 우리는 텍스트를 통해서 더 나은 세상을 그리고, 더 좋은 세계에 걸맞은 자기의 모습을 그린다.

함께 읽으면 좋을 책들 ●─────────────

《텍스트에서 행동으로》, 폴 리쾨르 지음, 박병수 옮김, 아카넷, 2002.

저자는 자신의 주된 관심사인 해석학의 본질을 논한다. 그는 주체 물음에 깊이 천착하면서 '텍스트 앞의 주체'를 이야기한다. 그는 데카르트식의 주체를 거부하고 의식 철학을 극복하면서도 여전히 근대 반성 철학의 전통에 경의를 표한다. 그의 해석학에는 윤리가 살아 있고 정의 문제가 핵심이다. 그의 해석학은 곧 사회 정의를 위한 인식론이라고 할 수 있다. 리쾨르의 언어철학이 정치철학과 밀접하게 연결되어 있음을 이 책을 통해 엿볼 수 있다.

《청소년을 위한 언어란 무엇인가》, 니콜라우스 뉘첼 지음, 노선정 옮김, 살림, 2008.

저자는 인간이 만물의 영장이라고 주장할 수 있게 된 것은 언어가 있었기 때문이라고 말한다. 언어가 있었기에 인간은 서로 힘을 모을 수 있었고, 기록할 수 있는 문자가 생겨났기에 시간과 공간을 초월하여 생각을 나누고 발전시킬 수 있었다. 인쇄술, 정보통신의 발달이 인류 문명의 발달로 이어진 것도 언어와 문자의 존재를 전제로 한다. 언어를 통한 의사소통은 상대방이 내가 알고 있는 것을 알고 있다는 사실을 인식하는 것을 전제로 한다. 내가 말하는 것을 이해하지 못할 것이라고 생각하면서 상대방에게 진지하게 말을 걸지는 않을 것이기 때문이다.

글쓴이 소개(게재순)

박남희 어떻게 살아야 할지 고심하다 철학의 길로 들어섰다. 철학을 통해 발견해가는 진리로의 여정이 늘 나를 설레게 한다. 특히 해석학이라는 개방적이고 역동적인 길에서 만난 가다머와의 동행으로 인하여 풍요로운 삶을 살 수 있기에 행복하다. 더욱이 삶 속에서 철학을 실현코자 하는 그의 사상이 좋아 그의 삶을 닮기 위해 노력 중이다.

서동은 어려서부터 호기심이 많아 궁금한 것이 있으면 빨리 알고 싶어 했고, 나와 다른 언어를 사용하는 사람들은 어떤 생각을 하며 살지 궁금해 외국어를 배우는 일에 관심이 많았다. 한때 논리실증주의 철학에 관심이 많아, 사람들이 사용하는 말들이 의미 있는지 없는지를 따지는 습관이 있었다. 독일 사람들은 무슨 생각을 하며 사는지 궁금해 독일 유학을 결심했고, 독일에서 언어와 문화의 차이를 많이 경험했다. 언젠가는 그리스어를 더 배워 플라톤과 아리스토텔레스를 원전으로 읽고 싶은 포부도 있다. 취미는 등산과 가끔씩 아무것도 안하고 빈둥거리기이다. 철학이 좋은 이유는 이전까지 몰랐던 새로운 세계를 경험하도록 도와주기 때문이다.

한상연 독일에서 철학을 공부했고 지금은 가천대에서 철학을 가르치고 있다. 철학은 배운 사람들만 할 수 있는 어려운 학문이라고 생각하지 않는다. 철학은 우리들의 삶과 존재에 관한 구체적인 이야기일 뿐이다. 그 이야기 속에 담긴 너와 나는 각자 고유한 한 인간일 뿐이다. 각자 고유한 자로 머물며 서로 사랑하는 것, 참된 철학의 기원은 바로 여기에 있다.

이동용 철학을 하고 싶어 독일어를 배우기 시작했고, 바그너의 도시라 불리는 독일의 바이로이트대학에서 유학했다. 니체를 전공한 스승 밑에서 허무주의 사상에 매력을 느꼈고, 대학의 특성상 바그너의 음악극에 대해서도 식견을 넓힐 수 있는 기회를 가졌다. 현재는 희망철학연구소에서 니체와 함께 문화와 예술을 아우르는 철학을 가르치고 있다. 힘이 닿는 데까지 배운 것을 가르치려고 한다. 철학은 여행과도 같다. 모든 것을 버리고 떠나지만 먼 곳에서 발견하는 것은 자기 자신인 그런 여행처럼.

정대성 우리의 일상을 지배하는 힘들을 세심하게 보여주는 위대한 철학자들을 탐험하는 재미에 빠져 있다. 특히 정치와 사회에 대한 철학적 물음과 답변에 관심이 많은데, 사회는 삶의 현장이고, 정치는 그런 사회의 형태를 만들어내는 강력한 힘이라고 생각하기 때문이다. 그리고 어떤 언어를 사용하는지가 곧 그의 인격과 사유의 깊이를 보여준다는 생각에서 언어가 도대체 무엇인지 재미있게 살펴보고 있다.

박승현 중앙대학교 철학과를 졸업하고, 북경대학 철학과에서 박사학위를 받았다. 대학교 2학년 때 《노자》 원전 강독에 참여한 인연으로 도가 철학을 전공으로 삼게 되었다. 노장 철학이 추구하는 '자유로운 삶'을 동경하고 있으며, 철학이 공허한 이론적 논의에서 끝나는 것이 아니라 구체적인 현실적 삶 속에 녹아들어갈 수 있는 실천철학과 철학 상담 치료에 관심을 갖고 있다. 희망철학연구소 인문학교실에서 철학을 가르치고 있다.

심상우 프랑스 스트라스부르그에서 윤리철학을 전공했다. 지금은 여러 대학과 희망철학연구소에서 철학을 가르치고, 시민들을 대상으로 인문학 강의를 하기도 한다. 참된 가르침이란 사람들의 머릿속에 씨앗을 심어주는 것이 아니라 그들이 고이 간직했던 씨앗들이 자라나게 해주는 데 있다. 이 사실을 알기에 오늘도 나는 그들의 가슴에 물을 주러 떠난다.